AF495932

4Q
1217

ESSAI

de

Bibliographie postale

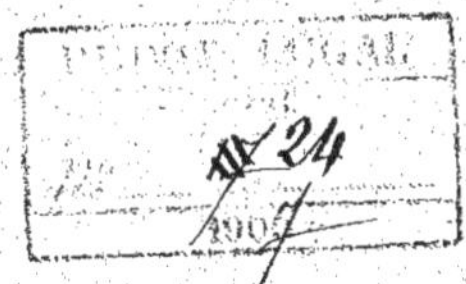

PAR

F.-A. QUINET

Extrait du Bulletin de la Société archéologique, historique et artistique LE VIEUX PAPIER

LILLE
IMPRIMERIE LEFEBVRE-DUCROCQ
88, rue de Tournai, 88

1906

ESSAI

de

Bibliographie postale

PAR

F.-A. QUINET

Extrait du Bulletin de la Société archéologique, historique et artistique LE VIEUX PAPIER

LILLE
IMPRIMERIE LEFEBVRE-DUCROCQ
88, rue de Tournai, 88

1904

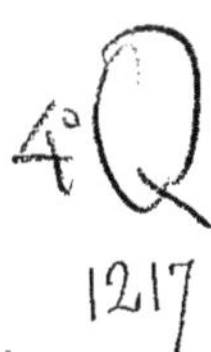

AVANT-PROPOS

Le titre d'*Essai de Bibliographie postale* donné à cette brochure est peut-être prétentieux ; celui de *Notes sur la Bibliographie postale* eût été plus exact. Ce travail n'a pas été fait d'après un plan préconçu ; quelques articles, l'un amenant l'autre, donnés au *Bulletin de la Société archéologique le Vieux Papier*, écrits sans souci d'une méthode bibliographique rigoureuse, sont reproduits ici tels qu'ils ont été publiés dans la Revue qui les a accueillis. On y remarquera des omissions ; nous signalerons nous-même une importante lacune : la cartographie n'y est pas traitée. Enfin, nous nous sommes renfermé dans le domaine déjà très vaste des postes françaises, citant toutefois quelques ouvrages étrangers dans lesquels la France occupe une place plus ou moins importante. Plus tard, si nous en avons le loisir, nous reprendrons ce travail et essayerons de lui donner une forme bibliographique plus rationnelle.

Q.

TIRAGE : CINQUANTE EXEMPLAIRES

Essai de Bibliographie postale.

Des anciennes publications françaises, officielles et autres, destinées à renseigner le public sur le service des Postes.

Nous ne mentionnerons ici ni les nombreux édits, arrêts qui instituèrent et perfectionnèrent le service des Postes, ni les ouvrages sur l'Histoire des Postes proprement dite. Nous indiquerons seulement les publications spéciales adressées au public, dans le but de le renseigner sur les avantages de cette institution.

1653. — *Instruction pour ceux qui voudront escrire d'un quartier de Paris en un autre, et avoir response promptement deux et trois fois le jour par le moyen de l'establissement que sa Majesté a permis estre faict par ses Lettres, vérifiées au Parlement, pour la commodité du public et expédition des affaires.*

Instruction relative à la création d'une Poste de Paris. On sait que, malgré le privilège du Roy et la spirituelle annonce qu'en fit le gazetier Loret dans la « Muze historique », la tentative prématurée de M. de Vélayer n'eut pas de succès.

Dockwray qui, en 1680, appliqua à Londres l'idée de M. de Vélayer, fut plus heureux. Les Anglais, très pratiques, accueillirent favorablement son innovation.

Ce ne fut qu'un siècle plus tard (1760) que M. de Chamousset réussit à établir, d'une manière durable et prospère, une Petite Poste à Paris.

Cette première publication ne parut que près de deux siècles après l'édit de Doullens du 15 juin 1464, instituant les Postes de France. L'astucieux Louis XI, en organisant un service de courriers, était uniquement préoccupé de satisfaire aux nécessités de sa politique par les informations rapides qu'il recevait de tous les points du territoire, se souciant peu de l'intérêt économique que le public pourrait retirer de cette organisation, ou ne le prévoyant pas. L'édit de 1464 renferme, en effet, un article dans lequel on lit que le Roy « ne veut et n'entend que la commodité du dit establissement ne soit pour autre que pour son service », excluant ainsi les particuliers des avantages de la nouvelle institution. Ceux-ci continuèrent donc, sous Louis XI et ses successeurs, à recourir, pour le transport de leurs lettres, aux messagers de l'Université. La clause restrictive contenue dans l'édit précité n'était pas de nature à favoriser le développement des relations par lettres missives. Ce ne fut qu'en 1576 qu'un nouvel édit de Henri III, créant des messagers royaux, mit officiellement le service des Postes royales à la disposition du public.

1709. — *Liste générale des Postes de France dressée par ordre de Monseigneur Jean Baptiste Colbert Cher Marquis de Torcy.... Ministre d'Etat... Grand Me et Surintendt général des Courriers, Postes et Relais de France. Pour le service du Roy et pour la commodité du public.* A Paris, chez le Sr Jaillot, Géographe ordinaire de sa Majesté, avec privilège du Roy pour 20 ans. 1709, in-12.

Cette Liste, entièrement gravée, contient la désignation des différentes routes, avec le nombre des postes d'un lieu à un autre, ainsi qu'un extrait des lois et réglements sur le fait des Postes aux chevaux. Le titre, jusqu'en 1786, ne subit pas de modification, sauf les noms et les armes des surintendants sous l'administration desquels la Liste fut publiée. Cet ouvrage eut, paraît-il, dès les premières années de sa publication, un débit assez considérable, car il s'en fit des contrefaçons. Nous remarquons au dernier feuillet de la Liste de 1717 l'avis suivant : « Le Public est averti que par l'ordre de Monseigneur de Torcy, les Postes changent de tems à autre et que le Sr Jaillot en reçoit seul les ordres pour les corrections, et comme d'autres personnes s'ingèrent d'en contrefaire la Liste et de l'*imprimer* il est impossible qu'elle se trouve juste, ce qui peut causer du Bruit aux officiers dans leur route comme il est déjà arrivé plusieurs fois, les Maîtres des postes n'estant point obligez d'ajouter foi à d'autres Listes qu'à celle-cy qui est *gravée* et non *imprimée* ». En 1719, nous trouvons la *Véritable Liste Générale des Postes de France, dressée par ordre de Monseigneur le Marquis de Torcy... Nouvelle édition, reveüe, corrigée et augmentée*. Celle-ci est imprimée et contient au verso du titre un avis semblable au précédent, mais dans lequel les mots *gravée* et *imprimée* sont changés de place : « d'autres personnes s'ingèrent d'en contrefaire la Liste et de la *graver*... les Maîtres de poste n'étant point obligés d'ajouter foi à d'autres Listes qu'à celle qui est *imprimée* et non *gravée* ».

C'est la seule *Liste* imprimée que nous ayons rencontrée de 1709 à 1771.

Toutes les autres sont gravées. Et comme parmi celles-ci nous en avons avec les armes de surintendants généraux frappées sur les plats, nous en concluons que la Liste gravée fut la seule officielle.

A partir de 1772, le texte des Listes fut imprimé.

En 1787, changement du titre :

Etat Général des Postes de France, dressé par ordre de Monseigneur Armand-Jules-François, duc de Polignac..., Directeur général des Postes aux Chevaux, Relais et Messageries de France, pour l'année 1787. A Paris, de l'Imprimerie de Philippe-Denis Pierres, Premier Imprimeur du Roy, et Ordinaire des Postes de France, in-8°.

On lit dans une note au verso du faux-titre : « L'Etat Général des Postes, appellé (*sic*) ci-devant Liste, se réimprimera tous les ans, avec les changements survenus d'une année à l'autre ».

L'ordre alphabétique des Routes, adopté dans la *Liste Générale des Postes*, fut remplacé par l'ordre géographique.

Le titre subit de nouvelles modifications sous les régimes qui suivirent :

Nous trouvons, sous la République et jusqu'à l'an X, l'*Etat Général des Postes de la République française*. Le titre est orné soit de la figurine de la République, soit du bonnet phrygien et du faisceau de licteurs.

Sous l'Empire : *Etat Général des Postes et Relais de l'Empire français*. Enfin, sous la Restauration : *Etat Général des Postes du Royaume de France*; puis *Livre de Poste*, titre qu'il conserva jusqu'au moment où le remplacement des malles-poste par les chemins de fer (1854), rendit sa publication inutile.

Cette sorte d'annuaire avait duré près d'un siècle et demi sans interruption.

On remarque, parmi les *Listes, Etats et Livres de Poste*, un certain nombre d'exemplaires de dédicace, aux armes des surintendants généraux, aux armes royales et impériales, revêtus de riches reliures en maroquin.

1754. — *Dictionnaire des Postes, contenant le nom de toutes les Villes, Bourgs, Paroisses, Abbayes, et Principaux Châteaux du Royaume de France et du Duché de Lorraine. Les Provinces où ils sont situés, et le nom du plus prochain Bureau des Postes, où les Lettres doivent être adressées pour chacun desdits endroits. Les principales villes de l'Europe, les Etats où elles sont situées, et la distinction de celles pour lesquelles il faut affranchir. Différentes Observations utiles à tous ceux qui sont en Commerce de Lettres. Livre nécessaire à toutes personnes, pour adresser exactement leurs Lettres, et éviter le retard, ou la perte que le défaut de bonne adresse peut occasionner. Dédié à Monseigneur le Comte d'Argenson, Grand-Maistre et Surintendant Général des Postes et Relais de France. Par M. Guyot, Employé dans les Postes à Paris.* A Paris, chez la veuve Delatour, Imprimeur de la Cour des Aydes, et de la Ferme Générale des Postes, rue de la Harpe, aux trois Rois. *M. DCC. LIV*, in-4°.

Premier Dictionnaire des Postes français. A la suite de la dédicace, se trouve un avis sur le Service des Postes, dans lequel on lit : « C'est dans la vue de mettre le Public en état de profiter plus avantageusement de cet établissement (établissement des Postes), que l'on a composé le *Dictionnaire* qu'on lui présente aujourd'hui, au moyen duquel chacun pourra, en mettant à ses Lettres des adresses correctes, les guider sûrement à leurs véritables destinations ».

On comptait alors (1754), neuf cent dix bureaux de Poste en France.

La première édition du *Dictionnaire* était épuisée dès 1765. L'auteur modifia plus tard le titre et la forme de son ouvrage. Nous trouvons, en 1782 et en 1787, le *Dictionnaire géographique et universel des Postes, contenant les noms des villes, etc., par Guyot*. Paris, 1782, deux vol. in-8. Le *Dictionnaire* de Guyot fut remplacé par le *Dictionnaire géographique des Postes aux Lettres de tous les départements de la République française, contenant les noms de toutes les Villes, Communes et principaux endroits, l'indication des Départements où ils sont situés, et leur distance en* kilomètres *du plus prochain* Bureau de Poste par lequel il faut adresser les lettres.... *Présenté au Commissaire du Gouvernement et aux Administrateurs Généraux des Postes aux Lettres, Par A. F. Lecousturier l'aîné*, Sous-Chef du Bureau de la Direction des lettres mal adressées, et *F. Chaudouet*, vérificateur de la taxe. Paris, an XII, trois vol. in-8°.

Tous les exemplaires doivent porter le cachet de « l'Administration générale des Postes aux Lettres. »

Nous extrayons du prospectus qui présente ce *Dictionnaire* au public, (prospectus dont la suscription est frappée de la curieuse marque postale (AB^{s})) les observations suivantes qui font connaître le but de l'ouvrage et la méthode employée pour l'atteindre : « C'est pour mettre le public à portée d'indiquer exactement le Bureau de Poste qui doit distribuer la lettre qu'il confie à la Poste, que cet ouvrage a été fait. L'ordre alphabétique le plus rigoureux a été observé ; les anciens et véritables noms des Villes et Communes ont été rétablis, à l'exception d'un très petit nombre, dont le changement a été maintenu par les Arrêtés des Consuls, contenant la Division du Territoire de la République en Justices de Paix, et qui, aux termes de l'Arrêté du 9 Fructidor an 9, doivent seuls déterminer le nom qui sera donné à l'avenir à chaque commune [1]. Le nom de chaque endroit est accompagné de celui du département dans lequel il est situé, vient ensuite le Bureau de Poste qui dessert cet endroit ; et les chiffres marquent la distance en kilomètres de l'endroit au Bureau de Poste : en outre, à chaque

1. On trouve la liste des noms révolutionnaires donnés à différentes communes, ou pris par elles, dans le *Dictionnaire Géographique*, par le citoyen Vosgien. Paris, an II, in-8.

Bureau de Poste, se trouve indiquée la distance du chef-lieu du département et de Paris, de sorte que l'on a, pour chaque endroit de la République, sa distance approximative de son chef-lieu de département et de Paris. »

Nous n'énumérerons pas les différents dictionnaires postaux qui parurent dans la suite, notre étude s'arrêtant au commencement du XIXe siècle.

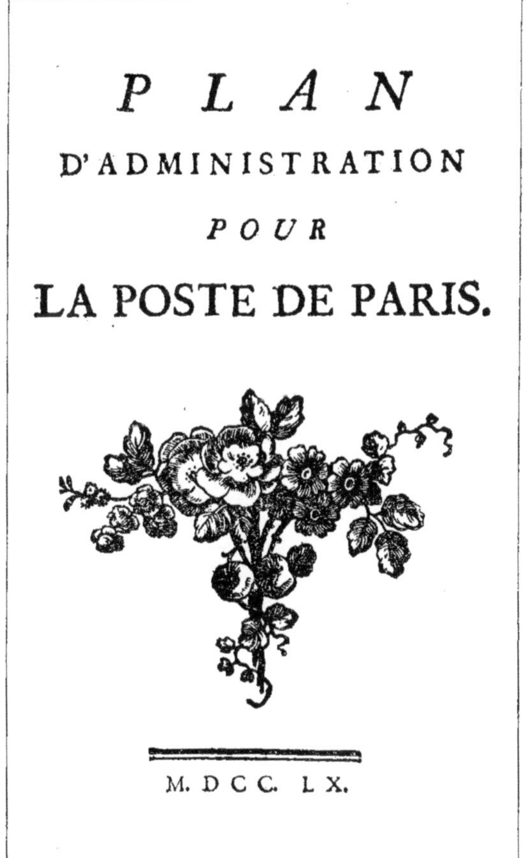

PLAN
D'ADMINISTRATION
POUR
LA POSTE DE PARIS.

M. DCC. LX.

Titre de l'ouvrage. Collection de l'auteur.

1760. — *Plan d'Administration pour la Poste de Paris* (par M. de Chamousset). S. l. (Paris), M.DCC.LX., pet. in-8 de 26 p.

M. de Chamousset, qui était allé étudier le fonctionnement de la Petite Poste à Londres, rédigea, sur cette institution, un Mémoire qui se termine par ces considérations : « Il n'est point douteux que l'établissement d'une pareille poste ne présente de très-grands avantages. Elle sera surtout fort utile pour les savans et gens de lettres, pour les financiers et gens de robe, pour les négocians, pour les marchands et pour toutes autres personnes que différentes espèces d'affaires obligent d'être en perpétuelle correspondance. » A la suite de ce Mémoire, il obtint, par Lettres patentes du 5 mars 1758, permission d'établir une Petite Poste dans la ville de Paris [1].

Le *Plan d'Administration*, qui avait été précédé d'un avis donnant une idée générale du nouvel établissement, est un document important pour l'histoire des Postes. L'exécution du service est réglée dans tous ses détails : on indique le nombre des distributions, qui sera de trois pour commencer ; la manière dont elles seront effectuées ; la division de Paris en 9 quartiers, possédant chacun un bureau de poste ; la circonscription de ces bureaux et leur service intérieur ; les taxes des lettres et paquets, etc. Le recrutement des facteurs « qui ne seront reçus qu'après un examen scrupuleux » fait l'objet d'un article spécial.

La Petite Poste de Paris commença à fonctionner le 9 juin 1760.

Le *Plan d'Administration de la Poste de Paris* fut suivi de la publication du *Détail du service de la Poste de Paris*, pet. in-8 de 12 p.; et de *Poste de la Ville de Paris. Avis au Public*, de l'Imprimerie de Grangé, Imprimeur de la Poste de Paris, 1761, pet. in-8 de 16 p.

Ces deux rares opuscules complètent le *Plan d'Administration*. Ils font connaître les améliorations réalisées depuis l'ouverture du service. M. de Chamousset sollicite les critiques du public afin de remédier aux imperfections qui seraient signalées. Ici, comme dans toutes ses autres œuvres, se révèle le but philanthropique de cet homme de bien.

Une circulaire du 3 mars 1749 ordonna aux contrôleurs chargés de la surveillance et de la vérification des bureaux de poste d'inviter les directeurs à faire graver un timbre destiné à marquer l'origine des lettres. C'est, je crois, la première trace officielle de la *marque postale* imprimée. M. de Chamousset, dans son organisation de la Poste de Paris, prescrit ensuite l'emploi de différents timbres dont les lettres devront être frappées. Cette question nous paraissant intéresser particulièrement les lecteurs du bulletin *Le Vieux Papier* collectionneurs de marques postales, nous reproduirons textuellement les passages des livrets mentionnés ci-dessus concernant les timbres employés par la Poste de Paris :

---

1. Le Mémoire sur la Petite Poste, les Lettres patentes du 5 mars 1758, et le Plan d'Administration pour la Poste de Paris ont été reproduits dans les *Œuvres complètes de M. de Chamousset*, Paris, Ph. D. Pierres, 1787, 2 vol. in-8.

« Chaque Bureau aura une lettre pour timbre; et chaque Boëte, soit permanente, soit des Facteurs, aura un timbre qui répètera cette lettre du bureau auquel elles correspondent, et un chiffre pour les distinguer entre elles. Tous les envois seront empreints de ces différents timbres, devant nécessairement passer par le bureau dans l'étendue duquel ils auront été collectés.

» Ceux qui seront portés directement par le Public aux Bureaux de distribution, ne seront timbrés que de la lettre qui fait le timbre du bureau.

» Ceux qui seront apportés par les Facteurs, seront timbrés du timbre de chaque Facteur, qui est la lettre du Bureau auquel il est attaché, et un chiffre qui distinguera ces facteurs entre eux.

» Ceux enfin qui viendront des Boëtes, porteront la marque qui aura été mise à la Boëte même, et de plus le timbre du Bureau dans le district duquel seront placées ces Boëtes.

» Pour obliger les Facteurs à être exacts à remettre toutes leurs Lettres, Cartes ou Billets dans chaque tournée, il sera imprimé sur chaque envoi, indépendamment des autres timbres déjà connus, un timbre particulier qui marquera les Levées.

» Pour éviter qu'il soit mis à la main un port dû sur les Lettres qui auront été payées, on a fait faire des timbres qui désignent les ports dûs par un P. et un D., et on prie instamment tous ceux de qui on voudrait exiger un payement sans qu'il y eût sur leurs lettres P. dû, ou P. D. imprimés, de vouloir bien en avertir au Bureau de Régie, en donnant leurs noms et leurs demeures ».

1760. — *Nouveau Journal des Postes et Tarif des ports de Lettres; contenant les jours de départ des Courriers de Paris; pour les différentes Villes et Lieux du Royaume et des Pays Etrangers, et de leur arrivée à Paris; les noms des Routes qu'ils tiennent; des endroits où on adresse les lettres, et des Royaumes, Provinces ou Pays où ils sont situés; les Bureaux de Poste du Royaume; la distance de Paris à chaque endroit; le nombre de jours que les lettres sont en route; les endroits des Pays Etrangers pour lesquels il faut affranchir les Lettres, et la taxe des Lettres et Paquets suivant le dernier tarif.* A Paris, chez Duchesne, rue Saint-Jacques, M. DCC. LX, in-24.

Simple liste postale, donnant les départs et arrivées, avec les taxes des lettres, mais qui, par le fait de sa publication annuelle, avait tout le caractère d'un annuaire [1].

---

1. J. Grand-Carteret. *Les Almanachs français.*

1763. — *Guide des Lettres, contenant l'Ordre général du Départ et de l'Arrivée des courriers des Postes dans toutes les principales villes de France, au moyen duquel on peut parfaitement connaître, en quelque ville que l'on soit, les Jours et Heures du Départ des Lettres et ceux de leur Arrivée.... Présenté à Messieurs les Administrateurs généraux des Postes et Messageries de France... par M. Guyot, Directeur du Bureau Général des Postes.* Se vend à Paris, chez l'auteur, Guyot, à l'Hôtel des Postes, 1763, in-4 et in-16.

M. Guyot, qui a exécuté cet ouvrage sous les yeux et d'après l'agrément de MM. les Administrateurs des Postes, le fit graver en deux formats, l'un in-4°, sur quatre-vingts planches de cuivre, dont une contient la carte de France, à l'usage du Guide des Lettres, et deux autres : le tableau du Départ et de l'Arrivée des courriers au bureau de Poste, la taxe des lettres et le temps qu'elles restent en route ; l'autre in-16, portatif, contenant les mêmes renseignements que l'in-4°, et portant le titre de *Etrennes des Postes* ou *Guide des Lettres.*

En 1772, changement du titre : *Petit Guide des Lettres pour l'année 1772*, pet. in-16. Le volume s'ouvre par le calendrier de l'année, une préface et des observations sur le service des Postes.

En 1781, le *Guide* reprend son premier titre, et le format devient in-12. Il contient des observations plus détaillées sur les règlements relatifs au transport des Lettres. Le *Guide* petit format parut jusqu'en 1791. Le format in-4° eut une moindre durée : nos recherches ne nous ont pas permis de fixer la dernière année de sa publication.

1767. — *De Par le Roy*, 1767. Paris, Delatour, 1767.

Affiche grand in-folio, indiquant le départ des courriers pour les Provinces et l'Etranger; les noms des bureaux de Poste, la manière d'adresser les lettres, le nombre (36) et l'emplacement des boëtes, etc. Ces affiches, contenant des notions générales sur le service des Postes, à l'usage du public, étaient placées à l'entrée des Bureaux de Poste.

1772. — *Almanach de la Poste de Paris, par une société de gens de lettres, pour l'année M. DCC. LXXII.* A Paris, Imprimerie de la Poste de Paris, in-32. Publié de 1772 à 1789.

Le privilège de cet almanach date du 25 septembre 1771. Il s'ouvre par une pièce de vers « Etrennes du facteur », laquelle variait chaque année. Au verso du titre est une gravure sur bois. Si l'on veut bien remarquer que la vignette de 1772 est la même que celle de l'almanach le *Courier vigilant* pour la dite année, il est permis de supposer que ces deux plaquettes étaient une publication identique [1].

Cet almanach donne de précieux renseignements sur le service des Postes. En 1779, modification du titre : l'*Almanach de la Poste de Paris* devient l'*Almanach de la Petite Poste de Paris.*

Par arrêt du 28 juin 1780, la Petite Poste de Paris et les Petites Postes de province furent réunies à l'Administration générale des Postes, à partir du 1er juillet 1780. Par suite, nouveau changement du titre :

Almanach de la Petite Poste de Paris réunie à la grande Poste, le premier juillet 1780, par Arrêt du Conseil d'Etat du Roi. Pour l'année M.DCC.LXXXI, in-32.

Enfin en 1789, l'almanach parut sous le titre suivant, que nous transcrivons malgré son étendue, parce qu'il indique, d'une manière complète, les matières contenues dans le volume :

Almanach de la Poste de Paris, réunie à la Direction générale des Postes. Pour l'année M.DCC.LXXXIX. Contenant le nouveau service, soit pour la distribution plus prompte des lettres des Province et pays Etrangers, que de celles écrites de Paris pour Paris, avec la nomenclature, par ordre alphabétique, des Rues de la Capitale, leurs tenans et aboutissans, le Départ des couriers (sic) *pour les Provinces de France et les pays Etrangers. Le tout dressé par ordre de M. le Baron d'Oigny, Intendant-Général des Postes de France, sous les yeux de MM. les Administrateurs.* A Paris, chez Grangé, Imprimeur de la Poste de Paris, in-16.

Le succès de la Poste de Paris amena la création d'établissements similaires dans plusieurs grandes villes de province, Lyon, Bordeaux, Rouen, Strasbourg, Lille. A l'instar de Paris, Lyon et Lille eurent leurs Almanachs de la Petite Poste, très intéressants opuscules qui méritent une analyse détaillée :

Etrennes de la Petite Poste de Lyon, pour l'année 1780. Présentées à MM. les citoyens de cette ville. A Lyon, chez Faucheux, in-32.

A la suite du calendrier de l'année, qui ouvre le volume, on remarque un Extrait des Règlements pour le service de la Poste de Lyon, duquel nous extrayons les renseignements suivants :

Le siège de l'Administration porte le nom de Bureau général de régie et de distribution.

Ce bureau est ouvert en hiver comme en été de six heures du matin à

---

1. J. Grand-Carteret. *Les Almanachs français.*

neuf heures du soir. Trois employés chefs sont chargés de recevoir les lettres apportées par les facteurs, de veiller sur le service de ceux-ci et sur celui des boîtiers de ville, et de répondre aux réclamations et aux demandes de renseignements du public.

L'Extrait des Règlements indique le but de la publication de l'almanach en ces termes :

« L'accueil favorable que tout le monde a bien voulu faire à l'établissement de la Petite Poste, et le succès de cette administration annoncent combien le public a lieu d'en être satisfait. Comme on n'a rien de plus à cœur que de lui prouver tout l'agrément et toute la commodité qu'il peut attendre de cette Régie, on lui offre un almanach qui contient le détail de son service : il est intéressant, pour les personnes qui écrivent et reçoivent des lettres par cette voie, de faire une étude de cet almanach. »

Les facteurs sont au nombre de seize pour la ville et les faubourgs seulement, plus quelques surnuméraires. Ils font tous les jours sept tournées pour recueillir et distribuer les lettres ; ils sont obligés de parcourir à chaque levée toutes les différentes rues et tous les faubourgs de la ville, et de faire entendre le bruit de leurs claquettes assez fort pour que personne ne puisse ignorer leur passage ; ils portent, en forme de giberne, de petits coffrets de cuir ; ces coffrets sont fermés par des cadenas dont les clefs restent au bureau, et ne sont ouverts qu'en présence des chefs ; les lettres y sont introduites par une ouverture faite de façon qu'une fois mises dedans elles ne peuvent en sortir qu'à l'aide des cadenas. A la première tournée, qui a lieu à six heures du matin, les facteurs n'ont point de claquettes « pour, dit naïvement l'auteur de l'Almanach, ne pas interrompre inutilement ceux qui sont encore dans les bras du sommeil. » La seconde levée se fait à huit heures, la troisième à dix heures, la quatrième à midi, la cinquième à deux heures, la sixième à quatre heures ; à la septième tournée, qui a lieu à six heures, on distribue seulement les lettres.

Les lettres sont frappées de quatre timbres qui indiquent l'origine, l'heure la levée, l'heure de la distribution et si les lettres sont en port payé ou de en port dû.

Il y a 110 boîtes dans la ville et ses faubourgs, placées habituellement chez des commerçants ou des gens de métier.

Le service de la Petite Poste s'étend aussi à la banlieue de Lyon : huit facteurs la parcourent dans un rayon d'environ dix kilomètres, soixante localités sont desservies tous les jours, soixante autres localités trois fois chaque semaine.

Quel que fût le service des Postes à Lyon vers la fin du XVIIIe siècle, comparé à celui de nos jours, on peut remarquer qu'il ne le cédait en rien à ce dernier sous le rapport de la fréquence des distributions.

Le volume se termine par un éloge enthousiaste de la ville de Lyon, suivi de chansons :

Citoyens laborieux, fortunés habitants,
On dirait que Minerve en ses amusements,
Avec l'or et la soie, a, d'une main savante,
Formé de vos desseins la tissure élégante.
Turin, Londres, en vain, pour vous le disputer,
Par de jaloux efforts, veulent vous imiter,
Vos mélanges charmants, assortis par les grâces
Les laissent loin de vous, s'épuiser sur vos traces ;
. . . .
Ville heureuse, qui fait l'ornement de la France,
Trésor de l'univers, source de l'abondance,
Lyon, séjour charmant des enfants de Plutus,
Dans tes tranquilles murs tous les arts sont reçus.
. . . .
Les beaux arts dans Lyon brillent tous à la fois,
Et son peuple opulent semble un peuple de Roi.

A l'encontre de ces délicieux almanachs édités par Desnos, Didot, Boulanger et autres, véritables bijoux ornés de charmantes vignettes et habillés de riches reliures, étrennes précieusement conservées, nos modestes Almanachs de la Poste, imprimés sur mauvais papier, ne possédant qu'un caractère d'utilité temporaire, étaient, aussitôt l'année écoulée, misérablement abandonnés, jetés aux ordures, cause de leur insigne rareté actuelle. Je considère donc comme une bonne fortune la découverte du minuscule petit livre que je viens de décrire

1787. — *Almanach de la Petite Poste de Lille et sa Châtellenie contenant l'ordre de son service et diverses connoissances utiles et curieuses.* Orné d'une figure et de la carte du chemin d'Amour. Pour l'année MDCC.LXXXVII. A Lille, au Bureau général de la Petite Poste et des Feuilles de Flandres, rue de l'Abbaye de Loos, n° 489. Avec approbation et privilège du Roi [1].

Cette Petite Poste avait été fondée par le chevalier de Lépinard, le 6 avril 1784 ; elle était dirigée par lui. Les facteurs, au nombre de cinq, habillés aux couleurs de la ville, desservaient soixante boîtes réparties dans les cinq sections urbaines ; cinq surnuméraires leur étaient adjoints. Il y avait huit levées et distributions l'été et sept l'hiver. Une douzaine de boîtes, desservies journellement, existaient dans la banlieue. Le passage des facteurs, munis d'une giberne en cuir pour recueillir les lettres, était annoncé au moyen d'une claquette ; ces deux ustensiles sont représentés sur la gravure servant de frontispice à l'almanach, où l'on voit un facteur

---

1. L'existence de l'*Almanach de la Petite Poste de Lille* nous est signalée par M. Lefebvre-Ducrocq, imprimeur du Bulletin " Le Vieux Papier ", qui nous a communiqué l'intéressante note que nous reproduisons.

remettant une lettre à une jeune personne. Le fonctionnement de la Petite Poste de Lille et le tarif des lettres étaient les mêmes qu'à Lyon. Cette institution, qui fut assez florissante, cessa en août 1793, à la suite de l'arrestation de son directeur le chevalier de Lépinard.

1776. — *Le Courier* (sic) *Vigilant, ou Etrennes de la Poste de la Ville et Banlieue de Paris, pour l'année M.DCC.LXXVI.* A Paris, de l'Imprimerie de Grangé, rue de la Parcheminerie. Aux dépens des facteurs, in-32 [1].

Cette plaquette contient à peu près les mêmes renseignements que l'Almanach de la Petite Poste publié à la même époque.

1784. — *Almanach des Diligences et Messageries de France, pour l'année 1784. Contenant les jours et heures du Départ et de l'Arrivée des Diligences et des Voitures....., Avec un Tableau des Villes où la Ferme générale a des Directeurs ou Correspondances, par M. P. D. Y. (Papillon de La Tapy).* Paris, Prault, Imprimeur du Roy, in-18. Publié de 1784 à 1787.

En 1786, le format devient in-12. Le volume contient un calendrier et des Notes historiques sur l'origine des Messageries, plus étendues que dans la première édition.

Par privilège du Roi, en date du 24 septembre 1788, le s^{r} Basile Durdan fut autorisé à faire imprimer l'*Etat général du service des Diligences pour 1789*, qui remplaça l'*Almanach des Diligences.*

L'*Etat* fut imprimé simultanément à Paris, chez Prault, et en province. Nous décrivons ci-dessous un exemplaire imprimé à Orléans :

Etat Général du service des Diligences et Messageries royales de France, contenant le détail de l'Administration, l'Extrait des principaux Arrêts et Règlemens qui la concernent, et des Avis intéressans au Public sur les précautions qu'il a à prendre ; les Départs et Arrivées des Diligences et des Voitures, etc..... Avec une Carte Géographique. A Orléans, chez Jacob Sion, Imprimeur de la Ferme Générale des Messageries Royales, rue Pomme de Pin. Et se trouve à Paris, chez les Suisses (concierges) de l'Hotel-Royal des Messageries, fort vol. in-12.

An III. — *Manuël des Postes aux Lettres. Imprimé le premier prairial l'an III.* A Paris, chez le citoyen Hoberlac, auteur, in-12 de 64 p.

Petit livre gravé indiquant les départs des courriers, le temps entre le départ et l'arrivée des lettres.

1804. — *Le Petit Livre de Poste pour l'an XII, ou Départ de Paris des courriers de la Poste aux Lettres. Imprimé avec autorisation de l'Admi-*

1. J. Grand-Carteret. *Les Almanachs français.*

nistration Générale des Postes. A Paris, chez Lecousturier l'aîné, rue J. J. Rousseau, n° 9, en face de la Poste aux Lettres, au Pélerin Blanc, in-8.

Nous lisons dans le prospectus qui annonce cet ouvrage :

« *Le Petit Livre de Poste*, fait avec le même soin et la même exactitude que l'Ordre Général du Départ, imprimé en l'an VII, indique les endroits où sont établis les *bureaux de Postes aux Lettres*, *les départements* dans lesquels ils sont situés, et *les jours de départ de Paris*.

» On trouvera à la suite les jours de départ pour *les villes et pays étrangers* avec la distinction de ceux *pour lesquels il faut affranchir*, de ceux *pour lesquels on est libre d'affranchir*, et de ceux enfin *pour lesquels on ne peut affranchir*.

» Vient après un état des Communes et de tous les endroits de *la banlieue de Paris*, qui sont servis par la Poste de Paris.

» Le tout est terminé par des *observations* pour l'utilité du Public. »

Il se continua jusqu'en 1829 avec les changements suivants dans le titre :

Le Livre de Poste, ou Départ de Paris des Courriers de la Poste aux Lettres, dressé avec autorisation de M. le Directeur général, Par A. F. Lecousturier l'aîné, Chef du Bureau de la Direction des Lettres mal adressées. A Paris, chez l'auteur, rue de Lancry, n° 18. Dans les Départements, s'adresser à Messieurs les Directeurs des Postes. Janvier 1817. Valade, Imprimeur du Roi et de S. A. R. Madame, in-8 [1].

A côté des publications spéciales, inspirées par l'Administration des Postes, nous citerons les suivantes, dans lesquelles les renseignements sur le service des Postes tiennent souvent une place importante. Du reste, tout ce qui touche au service des Postes n'était inséré, dans ces ouvrages, que sur le *visa* de Messieurs les Administrateurs des Postes :

Les Lubies d'un aristocrate, Almanach nouveau pour l'année 1792. Avec un Livret des Postes très exact des Routes et la distance pour l'allée et la venue en poste à Paris, des Villes frontières, ainsi que des autres principales Villes du Royaume. A Paris, chez Francion, in-12.

Ce petit livret, au titre révolutionnaire, contient, dans sa première partie, les Routes des Postes de France, et, dans la seconde partie, des poésies dans le goût du jour.

L'*Almanach Royal*, ce précieux répertoire, fournit le Détail de l'Administration, les Départs et Arrivées des Courriers, les Nomenclatures des Bureaux de Poste, etc., avec les changements survenus chaque année.

---

1. J. Grand-Carteret. *Les Almanachs français*.

L'*Almanach pour servir de Guide aux voyageurs*. Paris, Duchesne, 1760, in-24. Intéressant pour les distances, les Routes et les diligences.

L'*Almanach du Commerce de la ville de Paris*. Paris, Valade, 1797, gr. in-8.

L'*Almanach du voyageur et du commerçant, tant à l'intérieur qu'à l'extérieur de Paris et des départements*. Paris, Garnier, 1803, in-12.

On trouve également des notices sur les Postes dans plusieurs almanachs de province, notamment l'*Almanach de la ville de Lyon et des Provinces de Lyonnais, Forez et Beaujolais*. Lyon, 1760, in-8. Organisation assez détaillée des Postes dans la ville de Lyon.

Nous terminons notre travail à l'aube du XIXème siècle, dans la seconde moitié duquel les Postes, grâce à la création des chemins de fer et des timbres-poste, et à la réunion du Congrès de Berne, instituant l'Union Postale Universelle, ont pris le prodigieux développement que l'on connaît.

Il nous a paru intéressant de dresser la liste, sans doute incomplète, de ces vestiges du passé postal, et de mettre en lumière un côté curieux de l'histoire de ce service.

NOTA. — La plupart des ouvrages cités ont été décrits d'après ceux qui composent notre collection. Nous sommes aussi redevable de bien des renseignements à l'excellent ouvrage de M. J. Grand-Carteret, *les Almanachs français*.

Guides et Itinéraires. Voyages dans l'ancienne France.

Les guides et itinéraires, et certaines relations de voyages de France, se rattachent à la classe des ouvrages que, dans une précédente notice, nous venons de passer en revue. Ils peuvent être compris dans toute bibliothèque postale au même titre que les *Listes* et *Etats des Postes*. Ils offrent, en outre, sur ces derniers, l'avantage de ne pas se borner à une sèche nomenclature de noms de lieux : avec l'indication des routes, la plupart contiennent des descriptions géographiques, des dissertations historiques, des observations curieuses sur les mœurs, sur l'état social du pays, etc., qui en varient l'intérêt.

Etrennes utiles et nécessaires, 1771 (frontispice)

Nous allons essayer d'en dresser la bibliographie. Mais, pour ne pas sortir du cadre que nous nous sommes tracé, nous ne mentionnerons pas les ouvrages purement historiques, tels que ceux de Des Rues, Longuerue, Boulainvilliers, etc., nous renfermant dans la description des publications qui conservent le caractère de guides ou itinéraires.

Nous ouvrons la liste par le vénérable et précieux petit livre :

I. — *La Guide des chemins de France (par Charles Estienne).* Paris, Charles Estienne, 1552, pet. in-8 de 8 ff. prélim. et 207 pp.

Première édition de cet itinéraire, origine des guides en France. Il renferme les renseignements les plus précieux sur les routes, les cours d'eau, les villes et les villages de France, avec leurs noms propres écrits dans l'orthographe du temps, selon leur ancienne étymologie.

Citons les principales éditions de ce guide :

a). *La Guide des chemins de France, reueue et augmentee pour la troisiesme fois. Les fleuves du Royaume de France aussi augmentez.* Paris, Ch. Estienne, 1553. — *Les Voyages de plusieurs endroicts de la France : et encore de la terre Saincte, d'Espaigne, d'Italie et autres pays.* Paris, Ch. Estienne, 1552. 2 part. en 1 vol. pet. in-8.

b). *La Guide des Chemins de France, revue et augmentée. Les Fleuves du royaume de France aussi augmentez.* A Paris, pour la Veufve François Regnault, 1554, in-18.

c). *La Guide des Chemins, pour aller et venir partout le royaume de France et autres païs circōvoisins. Reueuë, augmentée et corrigee outre les précédentes impressions.* Lyon, Benoist Rigaud, 1580, 8 ff. prélim. et 208 pp. *La suite de la Guide des chemins de France, d'Espaigne, Italie et autres pays y contenāt le voyage de Rome, de nostre Dame de Lorette, de St Jacques, de nostre Dame de Mont-ferra et de la sainte cité de Jerusalem, contenus en la table. Avec les fleuves et rivières du royaume de France.* Lyon, Benoist Rigaud, 1583, 115 pp. et 2 ff. de table. Ens. 2 part. en 1 vol. in-16.

d). *Nouvelle Guide des Chemins pour aller et venir par tous les pays et contrées du royaume de France, Lorraine, parties d'Allemaigne, Savoye et Italie, plus le chemin de Hierusalem, Rome, et aultres lieux de la terre sainte.* Paris, Nicolas Bonfons, 1599, in-16.

e). *La Grande Guide des chemins de France, pour aller partout le royaume de France; avec les noms des fleuves et rivières qui courent parmy ledit pays. Augmenté du voyage de St Jacques, de Rome, de Venise et Jerusalem.* Troyes, Nicolas Oudot, 1622, in-24.

f). *La Grande Guide des Chemins, pour venir par tout le royaume de France, avec les noms des fleuves et rivières qui courent parmy lesdits pays, augmenté du Voyage de Sainct-Jacques, de Rome, de Venise et Jerusalem.* Rouen, Clément-Malassis, 1658, in-24.

II. — *Sommaire description de la France, Allemagne, Italie et Espagne, avec la Guide des Chemins pour aller et venir par les prouinces, et aux villes plus renommées de ces quatre régions. A quoy est adjousté un recueil des foires plus célèbres presque de toute l'Europe. Et un traicté des monnoyes et leur valeur esdits pays, prouinces et villes. Plus trois tables très amples : Le tout recueilli pour la commodité des voyageurs.* Sans lieu (Genève). Imprimé par Iacob Stœr, M.D.XCII. — *Recueil des principales foires qui se tiennent tant au royaume de France, Allemagne, Italie, qu'Espagne. Avec quatre principales foires du pays de Turquie, et les Postes depuis Lyon à Paris.* Imprimé l'an M.D.XCI. 2 part. en 1 vol. in-16.

L'auteur, Théodore de Mayerne Turquet, s'exprime ainsi, dans la préface, où il se nomme : « C'est une des incommoditez de cette vie que de voyager par le monde, laquelle toutesfois est supportée légèrement par les curieux, et quant à ceux qui courent les pays meus d'un désir de gaigner, ils ne la sentent comme point. Mais elle est dure à ceux-là seuls qui voyagēt par nécessité..... Or, quelle qu'en soit la cause, tous ceux qui se trouvent en voyage ont un grand soulagement quand ils rencontrent quelque bonne guide, et leur semble veoir un ange du ciel, lorsqu'il se présente homme qui leur peut donner seure addresse de parvenir où ils prétendent ».

L'insuffisance des moyens de transport (le plus souvent on voyageait à cheval), le peu de sécurité des routes et leur mauvais état, rendaient les voyages dangereux et difficiles vers la fin du seizième siècle. Lorsque l'on entreprenait un long voyage, un bon guide devenait un auxiliaire précieux. Théodore de Mayerne ajoute, dans sa dédicace, qu'il composa le sien autant « par inclination propre » qu'il avait pour les voyages, que par devoir envers son prochain « pour lequel le Chrétien doit estimer estre nay autant que pour soy mesme ».

Comme la Guide des Chemins, cet ouvrage eut plusieurs éditions :

a) *Sommaire description de la France....* A Rouen, de l'Imprimerie de Jean Petit, tenant sa boutique au Palais, M. D. CIIII, avec un portrait de Henri IV gravé sur bois au verso du titre, in-12. Edition sans changement.

b) *La Guide des Chemins pour aller en France, Allemagne, Italie et Espagne. Ensemble pour aller et venir, par les provinces, et aux villes plus renommées de ces quatre régions. Plus un recueil des foires.* Lyon, P. Roussin, 1627, in-18.

III. — *Itinerarium Galliæ Narbonensis, authore Johanne Isacio Pontano.* Lugduni Batavorum, 1606, in-12.

Relation en vers latins de Jean-Isaac Pontanus, Hollandais, qui allait faire ses études de médecine à Montpellier.

IV. — *Itinerarium Germaniæ, Galliæ, Italiæ, scriptum a Paulo Hentznero.* Breslæ, 1618.

Voici l'itinéraire de Hentzner : entrée en France par Gex ; de Tournus à Avignon en bateau ; d'Avignon à Toulouse, à cheval, par Montpellier ; de Toulouse à Bordeaux, en bateau ; de Bordeaux à La Rochelle, par la Gironde et par la mer ; de La Rochelle à Poitiers, à cheval ; de Poitiers à Tours, en voiture ; de Tours à Orléans, par la Loire ; de là à cheval, à Bourges, Gien, Paris ; en bateau, de Paris à Rouen ; à cheval, à Dieppe, où il s'embarque pour l'Angleterre ; il revient par Calais, Boulogne ; de Boulogne à Eu, par mer ; d'Eu à Amiens, à cheval ; en voiture, d'Amiens à Paris et de Paris à Dijon ; de là à Besançon et à Bâle à cheval. (P. Babeau, *Voyageurs en France*).

V. — *Jodici Sinceri. Itinerarium Galliæ finimitarum regionum.* Lugduni, 1616, in-16.

Cet itinéraire eut plusieurs éditions. Nous citerons :

a) *Jodoci Sinceri. Itinerarium Galliæ, Ita accommodatum, Ut ejus Dvcti mediocri Tempore tota Gallia obiri, Anglia et Belgium adiri possint : nec bis terve ad eadem loca rediri oporteat : notatis cujuscunque loci, quas vocant, Deliciis : Cum Appendice, de Burdigala, at verborum Indice.* Genevæ, apud Petrum Chouët, M. DC. XXVII, in-16.

b) *Jodoci Sinceri. Itinerarium Galliæ....* Amsteladami, apud Jodocum Jansonium, M. DC. LV. in-16.

Edition illustrée d'un titre frontispice et de vues de villes.

VI. — *Abrah. Gölnitzi Dantisc. Ulysses Belgico-Gallicus fidus tibi dux et Achates per Belgium Hispan. regnum Galliæ, ducat. Sabaudiæ, Turinum usq. Pedemont metropolin.* Lugduni Batav., ex officina Elzeviriana CIↃ IↃC XXXI, in-12 de 672 pages, plus un index de 40 pages, titre frontispice.

Autre édition :

a) *Abrah. Gölnitzi Dantisc. Ulysses Belgico-Gallicus....* Lvgdvni Batavorvm, apud Franciscum Hackium. CIↃ IↃ CLV, in-16 de 605 pages, plus 27 pages de table.

Parmi les étrangers qui visitèrent la France dans la seconde moitié du XVIme siècle et au commencement du XVIIme, les Allemands furent les plus nombreux. Plusieurs écrivirent des relations de voyage qui obtinrent un véritable succès, et servirent de modèle à certains écrivains français. Celles de Just Zinzerling (Jodici Sinceri) et de Goëlnitz sont intéressantes par leurs observations et leurs nombreuses remarques sur les mœurs françaises de l'époque.

M. Thalès Bernard a publié une traduction française de l'*Itinerarium Galliæ* sous le titre de *Voyage dans la vieille France, avec une excursion en Angleterre, en Belgique, en Hollande, en Suisse et en Savoie.* Paris et

Lyon, 1859, in-18. Des extraits de l'*Ulysses Belgico-Gallicus de Goëlnitz* concernant plusieurs provinces ont été également traduits en français.

VII. — *Le Voyage de France dressé pour l'instruction et commodité tant des François, que des estrangers (par de Varenne).* Paris, Olivier de Varenne, 1639, pet. in-8.

Seconde édition et troisième édition en 1641 et 1643. Plusieurs autres suivirent, parmi lesquelles nous citerons celle qui parut sous le nom du sieur Du Verdier :

VIII. — *Le Voyage de France, dressé pour la commodité des Français et Estrangers. Avec une description des Chemins pour aller et venir par tout le monde. Et un mémoire des Reliques qui sont dans le Trésor de Saint Denys en France. Corrigé et augmenté de nouveau. Par le sieur Du Verdier, historiographe de France.* A Paris, chez Michel Bobin et Nicolas Le Gras, M. DC. LXXIII, in-12.

Autre édition du même à Lyon, chez Esprit Vitalis, 1679, in-12.

IX. — *L'Ulysse François, ou le Voyage de France, de Flandre et de Savoye, par le sieur Coulon.* Paris, Gervais Clouzier, 1643, in-8 de 616 pages.

Ce n'est qu'une copie de l'ouvrage de l'Allemand Goelnitz.

X. — *Covlon. Le Fidelle Conducteur pour le voyage de France....* A Troyes, chez Nicolas Oudot, et se vendent à Paris, chez G. Clouzier, 1654, petit in-8.

XI. — *Le Guide fidelle des Estrangers dans le voyage de France. Contenant la description de toutes les Villes, Chasteaux, Maisons de Plaisance, et autres Lieux remarquables qui se rencontrent dans les différentes Routes dudit voyage. Par le sieur de S. Maurice.* A Paris, chez Estienne Loyson, M. DC. LXXII, in-12.

XII. — *Les Délices de la France, avec une description des provinces et des villes du royaume, enrichi des plans des principales villes de cet Estat, par Franc. Savinien d'Alquié.* Amsterdam, Commelin, 1670, in-12, avec nombreuses vues cavalières et plans des principales villes et châteaux de France.

Nous citerons les éditions suivantes :

a) Franckfurt, 1671, in-8, en français et en allemand.

b) Amsterdam, J. Lucas, 1677, in-12.

c) Amsterdam, P. Mortier, 1699, 2 vol. in-12.

d) Leide, Th. Haak, 1728, 3 vol. in-12.

XIII. — *Journal d'un Voyage de France et d'Italie fait par un gentilhomme français l'année 1661 ; avec la description de ce qu'il a vu de plus remarquable en ces païs, les noms des villes, bourgs et villages, et leur distance, avec la suite des routes qu'il a tenues..... (par l'abbé Grangier de Liverdis)*, 1679, in-8.

XIV. — *Voyage du tour de la France, par feu H. de Rouvière, cons. du Roy en l'hôtel de ville de Paris et apoticaire ordinaire de S. M. (publié par l'abbé de Vallemont)*, 1713, in-12.

XV. — *Nouvelle description de la France, dans laquelle on voit le gouvernement général de ce Royaume, celui de chaque Province en particulier et la description des villes, maisons royales, châteaux et monuments les plus remarquables, avec des figures en taille douce, par M. Piganiol de la Force. Troisième édition, considérablement augmentée.* Paris, Legras, 1753-1754, 15 vol. in-12.

Importante description de la France au XVIIIme siècle. La première édition est de 1715, 5 vol.; la seconde de 1722, 8 vol. L'auteur a condensé cette description, pour l'usage des voyageurs, sous le titre suivant :

XVI. — *Nouveau voyage de France, avec un itinéraire et des cartes faites exprès, qui marquent exactement les routes qu'il faut suivre pour voyager dans toutes les Provinces de ce Royaume. Ouvrage également utile aux Français et aux Etrangers.* Paris, chez la veuve de Florentin Delaulne, M. DCC. XXIV, in-12.

La dernière édition, Paris, Bailly, 1780, comprend 2 volumes.

XVII. — *Nouveau voyage de France, géographique, historique et curieux. Disposé par différentes Routes, à l'usage des Etrangers et des François. Contenant une exacte explication de tout ce qu'il y a de singulier à voir dans ce Royaume. Avec les Adresses pour trouver facilement les Routes, les Voitures, et autres utilitez nécessaires aux Voyageurs. Ouvrage enrichi d'une grande Carte de la France et de Figures en taille-douce (par Saugrain).* A Paris, Quai des Augustins, chez Saugrain l'aîné, M. DCC. XX, in-12.

L'auteur a dressé les routes des frontières à Paris, contrairement à Piganiol de La Force, qui les fait partir de Paris pour aller aux frontières.
Citons les éditions suivantes du même ouvrage :

Nouveau voyage de France.... Par M. L. D. Paris, Saugrain Père, 1730, in-12. Et, Paris, chez les Libraires associés, 1771, in-12.

XVIII. — *Nouveau Guide des chemins du royaume de France, contenant toutes ses Routes, tant Générales que Particulières. Dédié au Roy, par le sieur Daudet de Nismes, Ingénieur-Géographe de Sa Majesté.* Paris, Etienne Ganeau, M. DCC. XXIV, in-12.

Ce guide ne contient pas, comme les précédents, la description des pays visités. Il est divisé en trois parties :

La première renferme les Routes générales partant de Paris pour aller aux villes Capitales de chaque Province ;

La seconde indique les Routes générales partant de Paris pour aller à tous les Ports du royaume ;

La troisième comprend les Chemins de détours et praticables qui se trouvent dans chacun des gouvernements du Royaume.

XIX. — *Guide des Chemins de la France ; contenant toutes ses Routes Générales et Particulières. Troisième édition.* Paris, Vincent, M. DCC. LXVIII, in-12.

Divisé, comme le précédent, en trois parties : première, Routes générales ; deuxième, Chemins de traverse ; troisième, Curiosités les plus remarquables.

XX. — *L'Indicateur fidèle ou Guide des Voyageurs, qui enseigne toutes les Routes Royales et Particulières de la France.... Contenant toutes les Villes, tous les Bourgs, Villages, Hameaux.... traversés par les Grandes Routes, etc. Accompagné d'Un Itinéraire Instructif et raisonné sur chaque Route, qui donne le Jour et l'heure du Départ, de la Dinée et de la Couchée tant des Coches par Eau, que des Carosses, Diligences et Messageries du Royaume, avec le Nombre des Lieuës que ces différentes Voitures font chaque jour. Dressé par le Sieur Michel, Ingénieur-Géographe du Roy à l'Observatoire, Mis au Jour et Dirigé Par le Sr Desnos, Ingénieur-Géographe.* A Paris, rue St-Jacques à l'Enseigne du Globe, avec Privilège du Roy, M. D.CC. LXV, in-4

Nous reproduisons le N. B. qui se trouve au bas du titre et qui indique quel soin a présidé à la confection de cet ouvrage :

« Personne ne doit ignorer Combien cet Ouvrage a coûté de Peines et de soins pendant plusieurs Années pour le rendre digne du Public. Le Sr Michel persuadé de l'Avantage que l'Indicateur Fidèl ou Guide des Voyageurs peut procurer aux Commerçants, Navigateurs, Voyageurs et à tous ceux qui seront Curieux de s'Instruire de la Distance d'un lieu à un autre, Se Flatte de l'avoir rendu si Complet que les Amateurs y trouveront tout ce qu'on peut désirer dans un Ouvrage où l'on n'a rien Épargné pour le porter à la Perfection dont il Était susceptible. »

Le titre est suivi d'un très beau frontispice contenant la dédicace : *A Monsieur Cassini de Thury, seigneur de Villetaneuse, Directeur de l'Observatoire Royal.... Dédié et Présenté Par les Srs Michel et Desnos,* M. DCC. LXIV. En tête, les armes de M. Cassini de Thury ; à la partie inférieure, un coche par eau traîné par des chevaux, une diligence, monuments et paysages dans le fond ; le tout encadré d'arbres et de rochers.

Le volume contient une carte générale et 18 cartes des routes, portant, en marge, une légende des distances, des heures de départ et d'arrivée. Il se termine par le Prospectus ou Guide des voyageurs, et le catalogue alphabétique des routes royales et particulières. Quelques exemplaires sont accompagnés du *Coup d'œil général sur la France*, par M. Brion. Nous en avons un qui contient en tête : l'*Almanach de l'Indicateur fidèle pour l'année 1766*. Paris, chez Desnos, rue Saint-Jacques, au Globe, tableau montrant dans sa partie centrale les douze mois de l'année disposés en colonnes et surmontés des signes zodiacaux ; aux angles, les figures symboliques des quatre saisons ; au bas, coche, cavaliers et paysages. Un renvoi annonce que le sieur Desnos donnera cet almanach tous les ans.

La troisième édition de l'Indicateur fidèle parut en 1767, la cinquième en 1785. Dans ces éditions postérieures, les cartouches des cartes varient ; mais le frontispice présente un aspect terne et empâté, qui se ressent de l'usure de la planche.

XXI. — *Nouvel Itinéraire général comprenant toutes les Grandes Routes et chemins de communication des Provinces de France, des Isles Britanniques, de l'Espagne, du Portugal, de l'Italie, de la Suisse, de tous les Pays-Bas, de l'Allemagne, etc., avec les Distances en Lieuës ou Milles d'usage dans ces différents Pays. Ouvrage de la plus grande utilité pour le commerçant et le voyageur.... Publié par le s. Desnos.* A Paris, chez le Sr Desnos. M. DCC. LXVI, in-4.

Titre frontispice dans le genre de celui de l'Indicateur fidèle, 19 cartes pour la France, et 22 pour l'étranger.

XXII. — *Itinéraire historique et topographique des grandes Routes de France. Par L. Denis.* Paris, chez l'auteur, 1768, in-16.

XXIII. — *Etrennes Utiles et Nécessaires Aux Commerçans et Voyageurs ou Indicateur fidèle Enseignant toutes les Routes Royales et particulières de la France, et les Chemins de Communications qui traversent les grandes Routes ; les Villes, Bourgs, Villages, Hameaux, Châteaux, Abbayes, Hôtelleries, Rivières, Bois et les Limites de chaque Province, distinguées. Dédiées au Roy. Ouvrage rendu si complet, tant pour le Détail topographique, que pour l'exécution, que les amateurs y trouveront tout ce qu'ils peuvent désirer.* A Paris, chez le S. Desnos, Ingénieur-Géographe et Libraire de S. M. Danoise, rüe Saint-Jacques, au Globe. Avec privilège du Roi, 1771, in-24.

Charmant petit volume d'une exécution soignée.

Le frontispice [1] représente une vue de pays au-dessus de laquelle on lit : *Routes de France* ; en haut, les armes royales soutenues par Mercure. Titre

Pages 76 et 77 des Etrennes utiles et nécessaires.

gravé encadré, 150 cartes et une table des routes. La publication de cet ouvrage se continua jusqu'à la Révolution.

XXIV. — *Souvenir du Voyageur, contenant l'État actuel et les Routes du Royaume de France. Avec Tablette Économique, Utile et nécessaire Pour écrire et dessiner avec une pointe quelconque les Observations que le Commerçant et le Voyageur se proposeront de faire sur l'Itinéraire de la France, extrait de l'*Indicateur fidèle, *publié par le S. Desnos. Avec deux Cartes. Contenant l'une les Gouvernements militaires, l'autre les Routes de France. Et une Table alphabétique pour que le Voyageur puisse aisément trouver la Route qu'il a à suivre. Les noms des Provinces y occupent la première colonne : ce qui rend ce petit Ouvrage plus intéressant qu'aucun autre de ce genre.* A Paris, chez Desnos, Ingénieur-Géographe pour les Globes et les Sphères, et Libraire de Sa Majesté Danoise, rue St-Jacques, au Globe. Pour la présente année (1774).

A ce titre gravé, qui indique suffisamment le contenu du volume, et

1. Reproduit page 17.

dans lequel on remarque, comme dans la plupart des publications de Desnos, une forte pointe de réclame, est joint un autre titre imprimé : *Souvenir du*

Souvenir du Voyageur (frontispice).

Voyageur, composé d'un papier nouveau, chimique et économique..., le reste comme le précédent. A la suite : *Etat actuel de la France, considérée.... Par M. Brion*. A Amsterdam, et se trouve à Paris, chez Desnos.... M. DCC. LXXIV, 2 parties en 1 vol. in-24.

XXV. — *Guide Royal ou Dictionnaire topographique des grdes Routes de Paris aux Villes, Bourgs et Abbayes du Royaume. Orné de traits Historiques des endroits les plus remarquables, du Commerce, Foires franches, Poids et mesures, etc. Par L. Denis.* A Paris, chez l'Auteur et chez Pasquier, Rue St-Jacques, vis-à-vis le collège de Louis le Grand. M. DCC. LXXIV, 2 vol. in-12.

Ouvrage entièrement gravé, titre encadré, nombreuses vignettes en têtes de pages et culs-de-lampe. Au lieu de l'ordre géographique des routes, l'auteur a adopté l'ordre alphabétique, d'où le sous-titre de dictionnaire donné au guide. En regard des plans ou cartes des routes; de courtes notices sur les endroits désignés, avec les distances de Paris aux principales villes, les distances des villes entre elles, et celles des bourgs et villages aux villes d'où partent ou aboutissent les routes.

XXVI. — *Le Conducteur français; contenant les Routes desservies par les nouvelles Messageries, Diligences et autres Voitures publiques, Avec Un Détail Historique et Topographique des endroits par où elles passent et de ceux qu'on peut appercevoir, des Notes curieuses sur les Chaînes de Montagnes que l'on traverse, relativement au Système Physique de* Philippe Buache, *premier Géographe du Roi. Enrichi de Cartes topographiques, dont les Routes seront distinguées par une couleur; Dressées et Dessinées sur les lieux par L. Denis, Géographe.* A Paris, chez Ribou, Libraire, passage Saint-Germain-l'Auxerrois. Et aux Bureaux des Messageries Royales, 1776-1777. Paris, chez Saurin, rue St-Jacques et chez les Successeurs de Julien, 1778-1779. 6 vol. in-8.

Ouvrage important, orné de très belles cartes des routes exécutées avec le plus grand soin, publié par routes, qui se vendaient séparément. Il n'a pas été terminé.

L'auteur dit, dans sa préface : « Toutes mes descriptions sont faites sur les lieux. Il n'y a point de grandes ni de petites Routes, jusqu'aux chemins de traverse et même les sentiers que je ne parcoure ; montagnes, vallons, ruisseaux, moulins, puits, buissons, etc., rien n'échappe à mes observations. » Nous avons pu contrôler, dans la partie de province que nous avons parcourue, l'exactitude des descriptions, et par suite, la sincérité de cette déclaration.

XXVII. — *Itinéraire des Routes les plus fréquentées, ou Journal d'un Voyage aux Villes principales de l'Europe, Où l'on a marqué, en heures et minutes, le temps employé à aller d'une Poste à l'autre; les distances en milles anglais, mesurées par un* Odomètre *appliqué à la voiture; le produit des contrées; la population des Villes; les choses remarquables à voir dans les villes et sur les routes; les auberges, etc. On y a joint le Rapport des Monnoies, et celui des Mesures itinéraires et linéales, ainsi que le Prix des chevaux de Poste des différents Pays (par Louis Dutens).* A Paris, chez Pissot, M. DCC. LXXV, pet. in-8.

XXVIII. — *Itinéraire complet de la France, ou Tableau général de toutes les Routes et chemins de traverse de ce Royaume; auquel on a joint l'itinéraire des Pays-Bas, et la direction des Routes aux Villes Capitales des Royaumes qui avoisinent la France. Orné d'une carte géographique, par M. L. D. M.* A Paris, chez Louette, M. DCC. LXXXVIII, 2 forts vol. in-8.

L'auteur prend le soin de prévenir le lecteur « que ce livre n'est ni frivole ni amusant: les répétitions fréquentes et indispensables qui se trouvent dans le corps de l'ouvrage, engendrent une monotonie qui en rend la lecture désagréable. On sera même étonné de la patience qu'il nous a fallu, pour composer et écrire un ouvrage aussi long et si peu récréatif ». Cette description routière est une minutieuse nomenclature de tous les objets vus de la route, villages, bois, vallons, moulins, etc., d'une lecture, en effet, peu attachante; cependant, elle contient de nombreux renseignements, et comme les deux précédents ouvrages décrits, elle a le mérite d'avoir été composée par un écrivain voyageur.

Nous terminons cette revue à la veille de la Révolution. Le XIXme siècle verra paraître de nombreuses publications analogues, parmi lesquelles nous signalerons, à titre d'indication pour les collectionneurs, d'abord le *Guide des voyageurs en Europe*, de l'allemand Reichard; l'*Itinéraire complet de l'Empire français*. Paris, Langlois, 1811, 3 vol. in-12; l'*Itinéraire du royaume de France*. Paris, Langlois 1816, in-12, la *Description routière et géographique de l'Empire français*, par Vaysse de Villiers, inspecteur des postes-relais. Paris, 1813-1830, 12 vol. in-8; l'*Itinéraire portatif de la France*, par de Simencourt. Paris, Langlois, 1828, in-12; le *Guide classique du Voyageur en France et en Europe*, par Richard, etc.

Supplément aux Guides et Itinéraires.

XXIX. — *La totale et vraie description de tous les passaiges, lieux et destroictz : par lesquelz on peut passer et entrer des Gaules es ytalies. Et signamment par ou passerent Hannibal, Julius cesar, et les tres chrestiens, magnanimes, et tres puissans roys de France Charlemaigne Charles VIII Louys XII : Et le tresillustre roy François a present regnant premier de ce nom. Item plus est contenu le nombre et tiltres des cardinaux et patriarches. Lordre et les noms des archeueschez, et eueschez estans en luniversel monde. Item les archeueschez : eueschez : abbayes et aultres benefices reseruez au sainct siege apostolique. Avec la taxe ordinaire : estans au royaume et seigneurie de la couronne de France.* On vend lesditz liures a Paris en la rue sainct Jacques pres sainct yues a lenseigne de la croix de boys : en la maison de toussains denys libraire, 1515, pet. in-4° goth. à longues lignes.

Ouvrage curieux, qui est probablement le premier itinéraire de France en Italie écrit en français. L'auteur, Jacques Signot, se nomme au recto du quatrième feuillet, et dit qu'il prit part aux expéditions de François Ier dans ce pays. La dernière partie contient la nomenclature des abbayes et prieurés de France au commencement du XVIe siècle.

XXX. — *Itinerario delle poste per diverse parte del mondo.... con il viaggio di santo di Galitia et altre cose notabile con tutte le fiere, che si fanno per tutto'l mondo.... con una narrativa de la cose di Roma. Con privilegio.* In Roma per Valerico Dorico, M. D. LXIII, in-12.

(Itinéraire des postes dans les différentes parties du monde.... avec le voyage de St Jacques de Galice et autres choses notables, ainsi que toutes les foires qui se trouvent dans l'univers et une description de Rome.)

Cet ouvrage paraît être le plus ancien itinéraire postal international. L'auteur, Giovanni da l'Herba, maître des postes de la République de Gênes à Rome, se nomme dans la dédicace, consacrée au cardinal San Giorgio, ainsi que son collaborateur D. Johannis de Herba.

L'*Itinéraire* comprend l'Italie, l'Espagne, le Portugal, la France, la Suisse, la partie méridionale des Pays-Bas et de l'Allemagne, le Tyrol et une partie de l'Autriche. Les diverses routes partant de Rome, centre du réseau postal de la d'Herba, et leurs ramifications, sont indiquées avec les relais et les distances. Le Guide est écrit pour les voyageurs en poste, aussi bien que pour les commerçants et autres voyageurs qui ne voulaient ou ne pouvaient faire usage de la poste. Des remarques ou notices historiques, archéologiques et artistiques sur certaines villes et certains lieux, rompent la monotonie des itinéraires [1].

XXXI. — *Poste per diverse parti del mondo, et il viaggio di S. Jacomo di Galitia.... aggiontoni di nuovo, il viaggio di Gierusalem. Con alcune altre poste mai piu poste in luce.* Lyon, Benoist Rigaud, 1572, 94 ff. et 4 ff. non chiff., in-16.

Paraît être une nouvelle édition du précédent, augmentée du voyage de Jérusalem.

XXXII. — *Nuovo Itinerario delle Poste per tutto il Mondo. De Ottavio Codogno. Con il modo scriure a tutte le parti. Utilissimo solo à Segretarii mà anco à Religiosi, et a Mercanti. Aggiontoni un Compendio di Viaggi, e Poste, et le Fiere principali, che si fanno in diverse parti del Mondo, con aulcune cose nottabili dell' Alma città di Roma. Con Licenza dé Superiori e Privilegio.* In Venetia, Presso Giacomo Zattoni, M. DC. LXV, in-16 oblong.

(Nouvel Itinéraire des Postes pour le monde entier. Par Ottavio Codogno. Avec la manière d'écrire pour toutes les destinations. Très utile non seulement pour les secrétaires, mais aussi pour les religieux et les marchands. On a ajouté un tableau des courses postales, ainsi que des foires principales dans les diverses parties du monde, avec divers renseignements sur les choses les plus remarquables sur la célèbre ville de Rome).

Le titre est orné d'un courrier muni du cornet de poste, accompagné de la devise : « *Celer ac fidus* ».

La pagination de ce volume est singulière : 42 pages non chiffrées comprennent la dédicace, l'avis au lecteur et une très ample table des matières ; xxxij pages sont réservées à un tableau des courses postales, et 15 pages non chiffrées à la description de Rome et à la liste des foires principales ; puis 446 pages pour l'itinéraire proprement dit, divisé en trois parties : la première contient l'historique des institutions postales et des renseignements sur les attributions des fonctionnaires postaux et des maîtres de poste ; la deuxième, la désignation des routes, des relais et distances ; la troisième, les dates de départs des ordinaires des principales villes d'Italie, de Lyon, de Madrid, etc., avec l'indication des villes et pays desservis par chaque route.

Nous avons, en France, des itinéraires antérieurs à celui-ci. Mais le livre de Codogno est important par son caractère international et par les indications qu'il donne sur les services postaux de l'époque.

---

1. Ouvrage signalé par l'auteur allemand J. Rübsam, qui lui consacre deux longs articles dans le journal l'*Union postale* (1889), desquels nous tirons cette description. Il se trouve à la bibliothèque de l'État, à Munich.

Notre exemplaire, que nous venons de décrire, est une des dernières éditions de l'ouvrage de Codogno. M. Rübsam (*Union postale*, 1889) nous apprend que la première édition a paru à Milan, en 1608. L'auteur s'y intitule *remplaçant du Maître général des Postes de Milan.* Des éditions successives ont été publiées en 1611, 1656, 1665, 1674, toutes difficiles à rencontrer.

XXXIII. — *Itinerarium Galliæ et Angliæ*, *Reisbuchlein, beischreiben ist durch Pet. Eisenbergium, Danum.* Leipzigk, Hernung Grossen, 1614, pet. in-12.

XXXIV. — *Le gentilhomme étranger voyageant en France, observant très-exactement les meilleures routes qu'il faut prendre, faisant aussi la description des antiquités, des églises, des tombeaux, des couvents, des palais, etc.*, par le baron G. N. D. (de Nemeitz). Leyde, 1669, pet. in-8.

Histoire.

L'usage des postes remonte à la plus haute antiquité. Dès que les groupes sociaux se forment, que les nationalités se constituent, le besoin de correspondre s'impose, qu'il soit amené par les raisons d'État, par les intérêts commerciaux ou par les relations familiales. Les historiens grecs ou latins nous donnent la description des moyens de communication employés chez les peuples anciens : feux et fumées, tours, fanaux, coureurs, hémérodromes grecs, tabellarii romains, etc. Chez les Perses, Cyrus crée le premier un service de courriers et de relais. Lorsque la civilisation s'avance vers l'Occident, et que la puissance romaine s'élève sur les ruines de la Grèce, nous assistons à l'organisation la plus complète des postes de l'antiquité, que nous allons voir bientôt s'effondrer sous les invasions barbares. Des siècles qui suivent, il ne nous reste que des vestiges de service postal. Charlemagne fait relever les chemins et établir des postes publiques qui disparaissent après le démembrement de son empire. C'est ensuite vers l'Orient, alors que, sous le Califat de Bagdad, la civilisation arabe brille d'un si vif éclat, qu'il faut chercher des institutions postales parfaitement organisées. Les postes persanes, romaines, franques, arabes sont plutôt des postes d'État. Durant ces longues périodes, des services particuliers fonctionnent, sans doute, mais irrégulièrement, et à leurs risques et périls.

Cependant, du chaos du moyen âge, sort lentement la poste moderne. Les universités, les couvents, les villes, les corporations de métiers organisent des services de messagers. A mesure que, sur les débris de la féodalité, de nouveaux États se reconstituent, les souverains créent, d'abord pour leur usage personnel, des courriers ou messagers royaux, qui absorbent bientôt les postes particulières et les remplacent définitivement, en s'assurant le monopole du transport des correspondances.

C'est lorsque les institutions postales viennent de prendre la forme d'un grand service public que paraît (en 1708) le premier ouvrage français sur l'histoire générale des postes. Quelques rares publications suivent dans le courant du XVIIIe siècle. Peu nombreuses encore dans la première moitié du XIXe, les études historiques postales reçoivent tout à coup une grande impulsion qu'explique naturellement le prodigieux développement que prend de nos jours le service postal. En France, comme en Italie, en Angleterre, comme en Espagne, en Autriche et surtout en Allemagne, les bibliothèques, les archives sont fouillées, et de nombreux ouvrages viennent enrichir la littérature postale.

Notre essai se bornera aux publications françaises. Cependant, nous mentionnerons également quelques publications étrangères imprimées ou traduites en français.

C'est à M. Lequien de La Neufville que revient le mérite d'avoir écrit le premier ouvrage français sur l'histoire générale des postes. Nous commencerons donc notre bibliographie de l'histoire postale par la description de ce volume.

1. — *Origine des Postes chez les anciens et chez les modernes, Par Monsieur Lequien de La Neufville, de l'académie des inscriptions et médailles.* A Paris, chez Pierre Giffart, marchand libraire, rüe Saint Jacques, à l'image sainte Thérèse. M. DCC. VIII. in-12.

L'ouvrage s'ouvre par une épitre dédicatoire à M. le marquis de Torcy, surintendant général des Postes, dont les armes sont reproduites en tête :

« L'utilité des postes est connue de tout monde ; mais peu de gens se sont attachez à en rechercher l'origine dans l'antiquité, et l'establissement dans les derniers siècles. Je me suis appliqué à cette recherche et c'est ce travail, Monseigneur, que j'ose vous offrir.... »

Suit un avertissement dans lequel l'auteur trace le plan de son ouvrage, qu'il divise en deux parties.

La première, intitulée *Origine des Postes chez les anciens*, contient l'historique des postes dans l'antiquité. Les renseignements sur les postes romaines, très détaillés, sont puisés aux meilleures sources, que l'auteur indique en marge. Vient ensuite un rapide aperçu du service des postes dans les principaux États modernes. En ce qui concerne la France, on lit : « on compte plus de neuf cents bureaux dans le Royaume, au nombre desquels sont ceux qui suivent les armées du Roy. Chaque bureau a un directeur, des controlleurs, des commis, des distributeurs et des facteurs. Tous ces officiers commissionnaires ont des appointements proportionnez à la nature de leurs emplois. Les uns sont ambulants dans les provinces pour observer s'il ne s'y passe rien contre les ordres du Roy sur le fait des postes. Les autres emplois sont fixes et n'ont pour objet que la conduite et la direction des bureaux....»

La seconde partie intitulée *Usage des Postes chez les modernes* est une suite historique et chronologique des édits, déclarations, arrêts et réglements concernant les postes depuis Louis XI jusqu'en 1708.

Deux vignettes en taille-douce ornent le volume. La première nous montre les moyens de communication employés chez différents peuples : tours et fanaux, pigeon voyageur, chien portant une lettre. « En Amérique, dit l'auteur, on se sert de chiens pour porter les nouvelles d'un lieu à l'autre, et l'on apprend par les lettres qu'on leur attache ainsi au col, ce qui s'est passé dans les lieux d'où ils viennent ». Dans la seconde vignette, deux courriers, dont l'un est chargé d'une valise, semblent symboliser la poste de l'époque.

Le volume se termine par une table alphabétique des matières très bien faite.

2. — *Usage des Postes chez les anciens et les modernes : contenant tous les Edits, Déclarations, Lettres Patentes, Arrêts, Ordonnances et Réglemens que nos Rois ont faits jusqu'à ce jour, pour perfectionner la Police des Postes. Nouvelle édition. Revüe, corrigée et augmentée de plus de moitié.* A Paris, chez Louis-Denis Delatour, Imprimeur de la Cour des Aydes, en la Maison de feue la veuve Muguet, rüe de la Harpe, aux trois Rois. M. DCC. XXX. Avec Approbation et Privilège du Roy, in-12.

On lit dans l'avertissement : « La première Édition de cet Ouvrage a parû sous le titre d'*Origine des Postes chez les Anciens et les Modernes*. Le peu d'exactitude que l'on y a remarqué, a obligé l'Imprimeur de la Ferme générale des Postes à en donner une nouvelle Édition sous ce titre : *Usage des Postes chez les Anciens et les Modernes*. Cette Édition est enrichie de tout ce que l'on a crû nécessaire pour l'approcher le plus près de la perfection. Ce qui est omis dans la première est dans celle-ci remplacé même avec usure. C'est pourquoi l'on n'a point appréhendé de trop avancer, lorsqu'on a inséré dans le titre que cette Édition est *augmentée de plus de moitié*. »

Les termes de cet avertissement sont singulièrement présomptueux. En comparant les deux éditions, nous constatons que la partie historique, la plus importante des deux parties dont se compose l'ouvrage, est, dans la nouvelle édition, la reproduction textuelle de la première ; la seconde partie seule offre quelques changements : elle est augmentée des décrets et édits parus de 1708 à 1730.

On remarque dans cette nouvelle édition une certaine ingratitude envers l'auteur, M. Lequien de La Neufville, mort en 1727, qui n'y est même pas nommé, soit dans le titre, soit dans le corps de l'ouvrage.

Les deux vignettes de 1708 y sont reproduites, mais en gravures sur bois.

3. — *Histoire des Grands Chemins de l'Empire Romain, contenant l'Origine, Progrès et Etendüe quasi incroyable des Chemins Militaires, pavez depuis la Ville de Rome jusques aux extremitez de son Empire. Où se voit la Grandeur et la Puissance incroyable des Romains; ensemble l'éclaircissement de l'Itinéraire d'Antonin et de la Carte de Peutinger. Par Nicolas Bergier, avocat au Siège Présidial de Reims. Nouvelle édition, revue avec soin, et enrichie de cartes et de figures.* A Bruxelles, chez Jean Léonard, libraire-imprimeur, rue de la Cour, 1736. Avec privilège de sa Majesté, 2 vol. in-4.

La meilleure édition, avec celle de 1728, publiée également chez Léonard, à Bruxelles, de cet important ouvrage. Elle est ornée d'un frontispice, d'un beau portrait de l'auteur, de planches d'antiquités et de la carte itinéraire de Peutinger.

La première édition de Paris, 1622, 1 vol. in-4, est sans valeur.

L'ouvrage est divisé en quatre livres. Les trois premiers sont consacrés à la construction et à la description des grands chemins; le quatrième décrit les motifs de cet établissement. « Le premier est, pour donner en temps de paix de l'exercice, tant aux gens de guerre, qu'à la populace de chacune province, pour éviter les tumultes, séditions, et autres mouvemens, que l'oisiveté, mère de tous maux, a coustume de produire. Le second *pour envoyer des nouvelles en peu de tems de la ville de Rome aux extrémitez de l'Empire, et en recevoir de toutes les provinces avec pareille célérité*. Le troisième, pour conduire et transporter les Armées Romaines en tous tems et en tous lieux où les affaires le requéroient. Le quatrième, pour faciliter les voyages, soit à pied, soit à cheval, ou par charroy. »

Le second motif, qui nous intéresse spécialement, est développé dans une dizaine de chapitres consacrés à l'histoire des postes dans l'antiquité, principalement à celle des postes romaines.

4. — *Recueil des privilèges de l'Université de Paris accordez par les rois depuis sa fondation jusques à Louis-le-Grand, XIVe du nom*. A Paris, chez Thiboust et Esclassans, 1674, in-4.

5. — *Histoire de l'Université de Paris, depuis son origine jusqu'en l'année 1600, par Crevier*. Paris, Desaint et Saillant, 1761, 7 vol. in-12. A consulter pour l'histoire des messagers de l'Université.

6. — *Pièces concernant les messageries de l'Université*. A Paris, de

l'imprimerie de la veuve Thiboust, imprimeur du Roi et de l'Université, place Cambrai, M. DCC. LXXII, in-4.

Ces pièces sont tirées d'un grand mémoire in-folio, sous le titre de : *Mémoire présenté au Conseil de sa Majesté, sur lequel le Roi a ordonné l'établissement de l'Instruction gratuite dans les Collèges de la Faculté des Arts.*

Ce mémoire est divisé en deux parties : la première contient l'histoire des messageries de l'Université et des contestations sans nombre qu'elle a eu à essuyer de la part des Traitans, depuis l'établissement des messagers royaux et des maîtres des courriers. La seconde est un recueil des principales pièces justificatives.

Les *Pièces concernant les Messageries de l'Université* sont un abrégé du *Mémoire.* On y a rapporté les principales pièces, en mettant à la tête de chacune d'elles un précis historique des faits qui les ont occasionnées.

7. — *Œuvres complètes de M. de Chamousset, contenant ses projets d'humanité, de bienfaisance, et de patriotismes : précédées de son éloge ; par feu M. l'Abbé Cotton Des-Houssayes. Seconde édition.* A Paris, de l'Imprimerie de Ph.-D. Pierres, Imprimeur Ordinaire du Roi, rue Saint-Jacques. M. DCC. L. XXXVII. Avec Approbation et Privilège du Roi. 2 vol. in-8.

La première édition est de 1783, 2 vol. in-8.

Dans le second volume sont reproduits les documents relatifs à l'établissement de la Petite Poste de Paris, et les Mémoires sur les postes aux chevaux et messageries : *Mémoire sur la petite Poste établie dans l'intérieur de la ville de Londres... Lettres-Patentes du 5 Mars 1758, portant permission d'établir une petite Poste dans la ville de Paris... Mémoire relatif à l'enregistrement des Lettres-Patentes du 5 Mars 1758. Plan d'Administration pour la Poste de Paris. Lettre sur la Petite Poste. Mémoire sur l'Établissement d'une Poste particulière de Paris à Versailles et de Versailles à Paris. Mémoires sur la Poste aux chevaux et les Messageries.*

8. — *La Colombe Messagère plus rapide que l'éclair, plus prompte que la vue : par Michel Sabbag. Traduit de l'arabe en français, par A. J. Silvestre de Sacy.* A Paris, de l'Imprimerie impériale, an XIV (1805). Se vend à Paris chez Galland, Libraire, Palais du Tribunat, Galeries de Bois, n° 223. Imprimé par les soins de J. J. Marcel, Directeur général de l'Imprimerie impériale, in-8.

Dissertation sur la manière d'élever les pigeons voyageurs, sur leurs mœurs et sur leur emploi par les califes de Bagdad.

Le volume, d'un bel aspect typographique, est imprimé sur papier vergé, textes arabes et français en regard.

9. — *Chamousset, ou la Poste aux Lettres, poëme en quatre chants ; précédé d'une dissertation historique sur l'origine, l'usage et l'utilité des Postes. Par M. de Cubières-Palmézeaux.* A Paris, chez Migneret, Imprimeur-Libraire, et chez Mondelet, Libraire, 1816, in-12.

La publication de cet ouvrage, plus de soixante ans après l'établissement de la Petite Poste par M. de Chamousset, montre que la mémoire de ce philanthrope était encore vive parmi les contemporains de Cubières-Palmézeaux. « Chamousset, dit-il, fut un de ces hommes obscurs et ignorés de leur vivant, parce qu'ils sont étrangers à toutes les intrigues littéraires, à toutes les cabales, à tous les partis, parce qu'ils préfèrent le bien qu'ils peuvent faire à la renommée qu'ils pourraient acquérir ; mais tôt ou tard, la postérité met en lumière leurs bonnes œuvres et leur mémoire. Quant à moi, je n'ai fait que mon devoir en choisissant le bon Chamousset pour le héros de mon poëme ».

La première partie du volume, *dissertation historique sur l'origine, l'usage et l'utilité des Postes*, est la plus intéressante. C'est aussi l'avis de l'auteur : « La plupart des auteurs ne font des préfaces que pour leurs poëmes, et je n'ai fait mon poëme que pour une préface. Mon poëme est une bagatelle, qui ne m'a guère coûté que trois semaines de travail, et ma préface, à cause des immenses recherches qu'il m'a fallu faire, m'a coûté presque trois années ».

Cette dissertation aurait pu être conçue dans un esprit plus méthodique. L'auteur passe facilement des Perses à Louis XI et à l'Italie moderne, pour revenir à la Rome antique ou à toute autre époque intermédiaire. Cependant, elle est intéressante par la quantité de faits rapportés, de citations et d'anecdotes qui en rendent la lecture instructive et agréable.

De Cubières-Palmézeaux était employé aux Postes.

10. — *Essai historique sur l'établissement des Postes en France, sur les produits progressifs de ce domaine royal, les changemens ou améliorations opérés dans son organisation, depuis l'année 1464, jusqu'au mois d'octobre 1823, par M. Gouin, Administrateur des Postes.* Paris, Imprimerie de Moreau, rue Montmartre, n° 39. M. DCCC. XXIII, in-4 de 15 p.

Essai très abrégé de la période qui s'étend de Louis XI à la Révolution ; historique de la transformation des moyens de transport postaux de Louis XV à Louis XVIII ; organisation détaillée de l'Administration des Postes sous la Restauration.

11. — *Des Postes en général, et particulièrement en France, par Charles Bernède.* Paris, à la Librairie de Raynal, 1826. Imprimerie de Mellinet-Malassis, à Nantes. in-8.

Sur le titre est reproduit le revers de la médaille commémorative de l'édit de 1464 : deux courriers dont l'un porte une espèce de malle en croupe. Lequien de La Neuville doute de l'authenticité de cette médaille : « on ne revient pas, dit-il, de l'opinion que cette médaille est faite à plaisir ».

Cet ouvrage peut être considéré comme le plus important travail sur l'histoire générale des Postes paru jusqu'alors en France. Il est divisé en quatre parties : la première traite de l'origine des Postes ; la deuxième, des Postes en France ; la troisième, des Postes chez tous les peuples ; la quatrième donne une idée de l'exploitation postale de l'époque.

Nous ne possédons pas de renseignements biographiques sur M. Charles Bernède ; nous pensons, d'après les détails techniques et pratiques fournis dans son livre, qu'il devait être employé dans les Postes.

12. — *Du secret des lettres et de la nécessité de mettre en accusation M. de Vaulchier, Directeur général des Postes, par M. Germain, avocat à la Cour Royale de Paris.* Paris, Moutardier, rue Git-le-Cœur, n° 4 ; Ponthieu, Palais-Royal ; Ch. Béchet, quai des Augustins, n° 57, 1828, in-8 de 67 p.

Très curieuse brochure remplie de citations historiques dans lesquelles l'auteur s'élève contre le maintien du *cabinet noir* qui, paraît-il, fonctionnait d'une manière scandaleuse sous le ministère de Villèle.

« Il est une branche de l'administration publique qui, dans ces derniers temps, s'est signalée par des désordres graves, par des spoliations nombreuses, par des soustractions frauduleuses, qui ont jeté l'épouvante dans les familles et la consternation dans le commerce. Je viens dénoncer à la France la partie fangeuse de cette administration, je viens demander justice de ces dilapidations condamnables, appeler, au nom de l'intérêt public, le grand jour sur des opérations de mystère et de ténèbres, une prompte et sévère investigation sur ce foyer de corruption et d'immoralité. »

Plus loin, l'auteur décrit le cabinet noir de l'époque :

« L'entrée de ce *cabinet noir* est rue Coq-Héron. De la cour on aperçoit une petite porte qui conduit au laboratoire, et dont chaque employé a la clé. Ce bureau communique directement par une porte secrète au cabinet du directeur général. A l'arrivée des dépêches, un homme dévoué assiste à la levée des boîtes et au triage des lettres, fait mettre de côté celles qui sont notées et désignées pour être ouvertes, ou celles qu'on présume être suspectes. On les porte au directeur général qui les fait passer au bureau secret pour en opérer le décachètement. »

Suit la description des procédés employés pour ce travail.

13. — *De l'Institution comparée des Postes, en France et à l'Étranger, et des innovations soumises par l'administration à une commission, par*

Jouhaud, avocat à la Cour royale. Paris, chez Madame Goulet, libraire, Palais-Royal, 1838, in-8.

Organisation de la poste aux chevaux.

14. — *De l'Administration des Postes chez les Romains, par M. Naudet, membre de l'Académie des inscriptions et belles-lettres. Mémoire lu dans la séance publique des cinq académies du vendredi 2 mai 1845*. Paris, typographie de Firmin Didot frères, in-4 de 15 p.

15. — *Précis historique sur l'origine des Postes, par Gallet. Statistique générale des Postes, accompagnée de notes historiques.*

(Répertoire de la Société de statistique de Marseille, tome onzième, pages 254 à 348, 1847).

16. — *Notice sur les Postes chez les anciens et chez les modernes, sur l'origine des messageries et sur plusieurs monuments inédits attribués à des relais de poste gallo-romains, par M. Victor Simon. (Extrait des Mémoires de l'Académie nationale de Metz, année 1850-51)*. Metz, imp. S. Lamort, in-8 de 22 p.

Cette notice est accompagnée d'une planche reproduisant des monuments provenant des anciennes voies romaines des environs de Metz, fragments de colonnes avec inscriptions, bas-reliefs représentant des hommes à cheval. L'un de ces derniers, qui porte un fouet, paraît être un postillon.

17. — *Le Tableau de Paris, par Edmond Texier*. Paris, Paulin et Lechevallier, 1852-1853, 2 vol. in-4, contient un chapitre, *Les Postes,* plus intéressant par les gravures qui l'accompagnent que par le texte.

18. — *Les Postes dans la Gaule barbare, par J. Lardin.*

(Revue germanique et française, 1er février et 1er juillet 1862).

19. — *L'Administration des Postes en France; son histoire, sa situation actuelle, par M. le baron Ernouf.*

(Revue contemporaine, Paris, mars 1863).

20. — *Etudes historiques sur les Postes en France, par J. Lardin.*

(Journal des Postes, Paris, 1865-1866).

21. — *Recherches historiques sur l'Administration des Postes et sur les diverses parties de son service, par H. Boyer, Receveur des Postes.*

(Journal des Postes, Paris, 1869-1870).

22. — *L'Administration et l'hôtel des Postes, par M. Maxime Du Camp, de l'Académie française.*

(Revue des Deux-Mondes, 1er janvier 1867).

23. — *La poste anecdotique et pittoresque, par Pierre Zaccone.* Paris, librairie Achille Faure, 18, rue Dauphine, 1867, in-8.

Le titre du livre indique suffisamment la méthode de l'auteur. C'est une histoire de la Poste par un postier romancier, sans autre prétention que celle de donner la physionomie exacte des rouages de l'Administration, où des anecdotes citées à propos se mêlent agréablement aux faits historiques.

24. — *Les Postes en 1848, par Etienne Arago, Directeur général des Postes de la République française.* Paris, E. Dentu, libraire-éditeur, Palais-Royal, 17 et 19, galerie d'Orléans, 1867, in-8.

Mémoire justificatif des actes d'Etienne Arago, pendant son passage à l'Administration des Postes, en réponse aux attaques de ses adversaires.

25. — *Paris, ses organes, ses fonctions et sa vie dans la seconde moitié du XIXe siècle, par Maxime Du Camp.* Paris, librairie de L. Hachette et Cie, boulevard Saint-Germain, n° 77, 1869, 6 vol. in-8.

Le tome premier est presque entièrement consacré à la Poste, aux Télégraphes et aux moyens de transport. A remarquer surtout l'intéressant chapitre qui donne l'historique du *cabinet noir* sous les différents régimes.

26. — *Résumé de l'histoire des Postes, depuis leur origine jusqu'à nos jours, par Paul Artigues.* Mantes, 1870, in-8.

27. — *Les Pigeons messagers, par Auguste Laforêt.*

(Revue de Marseille et de Provence, décembre 1870).

28. — *Notice historique sur la Poste aux lettres dans l'antiquité et en France. La Poste aux pigeons. L. C. N., par Ernest Delamont.* Bordeaux, imp. typog. A. Pérey, 1871, in-8.

Postier érudit, auteur de nombreuses études historiques, M. Delamont nous a donné un excellent travail sur la Poste. La première partie de la notice est intitulée *La Poste dans l'antiquité*. Dans la seconde, qui est la plus importante, intitulée *La Poste aux Lettres en France*, l'auteur décrit, en six chapitres, les principales périodes du développement de cette institution, depuis Charlemagne jusqu'en 1871. Le volume est complété par des notices biographiques sur les principaux personnages qui ont dirigé l'Administration des Postes; par une étude sur la *Poste aux pigeons*; et par un *Chapitre sur l'histoire de la Police*, le *Cabinet noir*.

M. Bernède, dans son livre *Des Postes en général*, publié en 1826, arrivant à la période révolutionnaire, s'exprime ainsi : « Mais les institutions les plus sages, conservées par le tems et les besoins des peuples, ne pouvaient survivre au renversement de la monarchie. C'est dans cette ère fatale, signalée par un crime inouï dans nos fastes, que nous allons suivre les variations que les postes ont subies jusqu'au rétablissement de la maison de Bourbon.... Les réformateurs, dans cette désorganisation totale, se voient forcés, pour ne pas entraver la marche d'un service si important, de conserver les anciens règlements et le tarif de 1759, etc. ».

En 1871, M. Delamont remet les choses au point : « Un nouveau tarif pour la taxe des lettres, le droit de franchise, une *Instruction générale*, la première publiée (1792), le transport des dépêches accéléré et effectué dans des conditions meilleures, les courriers multipliés, les contrôleurs institués, le serment professionnel exigé, l'inviolabilité des correspondances décrétée, voilà ce que la Révolution a fait pour la poste ! »

Les dates des deux ouvrages auxquels nous empruntons ces citations (le premier, publié sous la Restauration, le second, sous la troisième République), expliquent cette différence dans les jugements portés sur la même époque.

29. — *La Poste par pigeons voyageurs, souvenir du siège de Paris, specimen identique d'une des pellicules de dépêches portées à Paris par pigeons voyageurs, photographiées par Dagron. Notice sur le voyage du ballon* le Niepce, *emportant M. Dagron et ses collaborateurs, et détails sur la mission qu'ils avaient à remplir*. Tours-Bordeaux, 1870-1871. Paris, typographie Lahure, in-16 de 24 p.

30. — *Lettre à M. le général Trochu, ancien gouverneur de Paris, sur la mission confiée par le Gouvernement de la Défense nationale à MM. P. Delort, E. Robert, J. Vonoven, pour le service des dépêches pour Paris. Siège de Paris.* Paris, imprimerie Schiller, 1871, gr. in-8 de 30 p.

Récit des tentatives faites pour expédier, par eau, pendant le siège, au moyen de sphères creuses, les lettres de la province pour Paris.

31. — *En Ballon ! pendant le siège de Paris, souvenirs d'un aéronaute, par Gaston Tissandier*. Paris, E. Dentu, libraire-éditeur, Palais-Royal, 1871, in-18.

Première partie : Récit du voyage des deux ballons-poste, le *Céleste* et le *Jean-Bart*, dirigés par Gaston et Albert Tissandier.

Deuxième partie : Les aérostiers militaires de l'armée de la Loire.

Troisième partie : Histoire de la poste aérienne, les ballons, les pigeons voyageurs ; la poste terrestre, les piétons, les chiens facteurs ; la poste fluviale, les sphères, les boules flottantes. Ouvrage d'une lecture captivante.

32. — *Les Ballons pendant le siège de Paris, par W. de Fonvielle.* Paris, au bureau de l'*Eclipse*, 1871, in-32.

33. — *Les Mystères du Cabinet noir sous l'Empire et la Poste sous la Commune, par Emile Lambry, précédés d'une lettre de Bonvalet, membre de la gauche municipale*. Paris, E. Dentu, libraire-éditeur, 1871, in-16.

Intéressant petit volume auquel nous empruntons le curieux fait suivant: « Sous la Présidence et sous l'Empire, le *cabinet noir* fut en pleine floraison. Et pourtant, à la suite de l'interpellation dont nous avons parlé (interpellation Pelletan sur la violation du secret des lettres en 1867), M. Vandal demanda à ce que cinq députés vinssent visiter l'hôtel des Postes de fond en comble, afin de s'assurer *de visu* qu'il n'existait pas de *cabinet noir*. La Chambre protesta, affirmant sa pleine et entière confiance dans les paroles du Directeur général; M. Vandal insista et cinq députés se dévouèrent. Ils vinrent et visitèrent l'hôtel, M. Vandal les précédait et ouvrait les portes. Il les ouvrit toutes, sauf une seule, celle du *cabinet noir*. Les députés passèrent devant sans la remarquer. Ce fut heureux pour M. Vandal, car à ce moment même le chef du *cabinet noir* était en plein travail. »

34. — *La Poste par pigeons voyageurs pendant le siège de Paris (1870-71), par M. V. La Perre de Roo*. Paris, imprimerie de E. Martinet, gr. in-8 de 52 p.

Extrait du Bulletin de la Société d'acclimatation (octobre 1872).

35. — *Les Postes et les Télégraphes pendant la guerre, par Alf. Lallié.* Paris, 1873.

M. Lallié avait été chargé, par la Commission d'enquête sur les actes du Gouvernement de la Défense nationale, de faire un rapport sur les communications postales et télégraphiques pendant la guerre.

36. — *Les Postes en Belgique avant la Révolution française, par Jules Wauters*. Paris, Guillaumin et Cie, Bruxelles et Leipzig, C. Murquardt, 1874, in-8 de 31 p.

37. — *Histoire de la Poste aux Lettres depuis ses origines les plus anciennes jusqu'à nos jours, par Arthur de Rothschild.* Paris, Librairie Nouvelle, 15, boulevard des Italiens, 1873, in-18.

Volume tiré à 600 ex., dont 500 sur papier de Hollande, 35 sur papier Wathman et 65 sur papier de Chine.

Après Lequien de la Neufville (1708), Charles Bernède (1826), et E. Delamont (1871), M. Arthur de Rothschild nous donne une nouvelle Histoire générale de la Poste très agréablement racontée. On sent que l'auteur est épris de son sujet. Cependant, on remarque encore quelques lacunes dans la première et dans la deuxième édition de cet ouvrage, qui a paru quelques mois seulement après la première.

38. — *Histoire de la Poste aux Lettres depuis ses origines les plus anciennes jusqu'à nos jours, par Arthur de Rothschild. Deuxième édition revue et augmentée*. Paris, librairie Hachette et Cie, 79, boulevard Saint-Germain, 1873, in-18, papier de Hollande.

39. — *Histoire de la Poste aux Lettres et du Timbre-Poste, depuis leurs origines jusqu'à nos jours, par Arthur de Rothschild. Troisième édition.* Paris, Calmann Lévy, éditeur, ancienne maison Michel Lévy frères, rue Auber 3, à la Librairie Nouvelle, 1876, 2 vol. in-18, papier de Hollande.

Cette édition présente une amélioration sur les deux précédentes, en ce sens que l'on n'y trouve plus certaines erreurs remarquées dans celles-ci. Toutefois, il est regrettable que l'auteur, publiant son livre en 1876, n'y fasse pas mention du plus grand évènement postal du siècle, le Congrès de Berne.

Le second volume est une histoire attachante et spirituellement exposée du timbre-poste.

40. — *Histoire de la Poste aux Lettres et du Timbre-Poste, depuis leurs origines jusqu'à nos jours, par Arthur de Rothschild. Quatrième édition, illustrée de nombreuses vignettes, par Bertall.* Paris, Calmann-Lévy, éditeur, ancienne maison Michel Lévy frères, rue Auber, 3, et boulevard des Italiens, 15, à la Librairie Nouvelle, 1879, gr. in-8.

Edition de luxe en tous points remarquable, dont il a été tiré des exemplaires sur papier de Chine et sur papier Wathman. La collaboration de l'un de nos meilleurs dessinateurs qui y a semé à profusion ses spirituelles compositions, et la beauté du texte en font un volume d'allure tout à fait artistique.

41. — *Le Pigeon messager ou Guide pour l'élève du pigeon voyageur et son application à l'art militaire, par V. La Perre de Roo.* Paris, E. Deyrolle fils, éditeur, 23, rue de la Monnaie, s. d. (1877), in-8.

Ce volume contient l'historique de l'usage du pigeon pour le transport des correspondances dans l'antiquité et les temps modernes.

42. — *Des Postes chez les Romains, par M. Humbert.*

(Recueil de l'Académie de Législation de Toulouse).

43. — *Les Tabellarii courriers porteurs de dépêches chez les Romains, par M. Ernest Desjardins, de l'Institut.* Paris, Imprimerie nationale, M. DCCC. LXXVIII, gr. in-8.

Extrait des *Mélanges* publiés par l'Ecole des Hautes-Etudes.

Savante étude sur les courriers désignés sous le nom de *tabellarii*, sur leur organisation et leurs fonctions. Outre les tabellarii de l'Etat ou officiels, qui ne pouvaient se charger de dépêches privées que par suite de tolérance exceptionnelle, il y avait aussi des tabellarii qu'il était loisible aux particuliers riches d'entretenir à leurs frais ou d'employer accidentellement.

44. — *F. F. Steenackers, ancien député, ancien Directeur général des*

Télégraphes et des Postes. Les Télégraphes et les Postes pendant la guerre de 1870-1871. Fragments de Mémoires historiques. Paris, G. Charpentier, éditeur, 13, rue de Grenelle-Saint-Germain, 1883, in-18.

Il a été tiré de cet ouvrage 50 exemplaires sur papier de Hollande.

L'Histoire de l'administration postale et télégraphique de M. Steenackers pendant la guerre de 1870-1871, donne d'intéressants renseignements sur les voies et moyens extraordinaires de communication essayés pendant le siège de Paris, pigeons, ballons, messagers, chiens, sphères creuses, etc.

45. — *Maison Cochery et Cie, Postes et Télégraphes, par E. Vaughan.* Paris, L. Baillière et H. Messager, éditeurs, 12, rue de l'Ancienne-Comédie, 1883, in-16.

Violente critique de l'administration du Ministre des Postes et Télégraphes Cochery.

46. — *La Poste des Califes et la Poste du Shah, par Paul Hugonnet. 2e édition, revue et augmentée d'une eau-forte de F. Hillemacher.* Paris, Union générale de la Librairie, Charles Bayle, éditeur, 11, rue de l'Abbaye, s. d. (1884), in-18, papier de Hollande.

M. Hugonnet fait remarquer, avec raison, que, jusqu'à présent, toutes les fois qu'il a été question de l'Histoire de la Poste, on a omis une partie de ses origines : « Sans doute, on citait un verset de la Bible, un passage de Xénophon, un fragment d'Hérodote; sans doute on parlait du *Cursus publicus*, mais c'était pour passer bien vite à Charlemagne et à Louis XI, à l'Occident en général, à la France en particulier. Et ainsi restait dans l'ombre l'Orient tout entier avec son immense empire des Arabes, avec sa civilisation. Je ne m'étonne donc point que des chercheurs aient songé à ce coin inexploré ; je regrette seulement de ne pouvoir saluer en eux des compatriotes ».

C'est à M. Karle Thieme, auteur allemand d'une savante étude sur la Poste des Califes, que M. Hugonnet a emprunté la première partie de son ouvrage. Dans la seconde partie « opposant une aquarelle moderne au tableau ancien de M. Thieme », il décrit l'état actuel des communications postales dans l'Asie Mineure et dans la Perse.

47. — *Henri Issanchou. Le Livre d'or des Postes.* Bibliothèque européenne, 2 bis, rue des Ecoles, Paris, 1885, in-8.

Sur la feuille du titre, un grand écu, échiqueté de quatre tires de cinq points, contient 20 portraits des principaux biographiés.

Heureuse idée qu'a eue M. Issanchou d'édifier ce petit panthéon des postiers français célèbres, dans lequel il a admis jusqu'aux plus modestes travailleurs. Cette galerie comprend deux ou trois personnages étrangers; c'est trop peu ou c'est trop : la présence des uns ne peut que faire regretter l'absence des autres.

48. — *Les Postes françaises. Recherches historiques sur leur origine, leur développement, leur législation, par Alexis Belloc, sous-chef de bureau au cabinet du Ministre des Postes et des Télégraphes.* Paris, librairie de Firmin-Didot et Cie, imprimeurs-libraires de l'Institut, 56, rue Jacob, 1886, gr. in-8.

Dans sa préface, l'auteur de ce remarquable ouvrage s'exprime ainsi :

« La poste a légitimement conquis une place si importante dans notre » organisation sociale que l'esprit se refuse même à concevoir la possibilité » de l'existence d'un Etat civilisé sans le concours de ce précieux agent qui, » par l'action de son ingénieux mécanisme et par le jeu combiné de ses » multiples ressorts, transmet la vie et le mouvement au corps social tout » entier et resserre les liens d'affection et d'intérêt qui unissent les peuples » et les individus.... Aussi pouvons-nous dire que, chez tous les peuples, » la poste a suivi le mouvement de leur civilisation respective et que, par » suite, le degré de leur puissance intellectuelle, commerciale et industrielle » peut se mesurer d'après le degré de perfectionnement et d'activité de » leurs institutions postales ».

M. Belloc étudie, d'une manière détaillée, et dans leur ordre chronologique, les nombreux édits, ordonnances, décrets, etc., rendus sous les différents régimes qui se sont succédé depuis Louis XI jusqu'à nos jours. Il suit ainsi, pas à pas, le développement des institutions postales françaises, L'exposé des causes qui en ont amené les diverses modifications, les citations historiques, les réflexions sur les principales phases de l'évolution postale, en font un livre d'une lecture attachante et instructive; et, comme le dit l'auteur dans sa préface « une des pages les plus intéressantes de l'*histoire nationale* à laquelle elle (l'Histoire des Postes) est intimement liée ».

49. — *Les Coulisses du Ministère des Postes et Télégraphes ou rôle de l'Ecole polytechnique au Télégraphe et à la Poste, par un témoin oculaire (Labussière).* Grenoble, imprimerie E. Vallier et Chabert, 1887, in-8.

Examen critique des actes administratifs de MM. Cochery père et fils. Fusion des postes et télégraphes. Favoritisme. L'Ecole polytechnique absorbe les emplois supérieurs, au détriment du personnel de l'exploitation.

50. — *La Poste aux Lettres, par Louis Paulian. Ouvrage illustré de 62 gravures.* Paris, librairie Hachette et Cie, boulevard Saint-Germain, 19, 1887, in-8.

Œuvre de vulgarisation. Beau volume contenant la reproduction de nombreuses gravures anciennes, et des gravures nouvelles.

51. — *Les Pigeons voyageurs. Historique. Leur rôle militaire, par Gaston H. Deneuve.* Paris, Auguste Ghio, 1888, in-16.

52. — *Mémoires du comte Beugnot, ancien Ministre (1783-1815), publiés par le comte Albert Beugnot, son petit-fils. Troisième édition.* Paris, E. Dentu, éditeur, 1889, in-8.

La dernière partie de ces Mémoires (chapitre XXII, Projets d'amélioration dans le service des Postes), contient l'état des Postes en France au commencement de la seconde Restauration.

53. — *Les Postes romaines, Etude précédée d'une notice historique sur l'origine et l'organisation du service des postes chez les différents peuples anciens et modernes, par Lucien Maury, commis à l'Administration centrale des Postes et Télégraphes.* Paris, imprimerie de la Société de Typographie, Noizette, directeur, 8, rue Campagne-Première, 1890, in-16.

Étude des plus intéressantes sur les Postes romaines depuis la République jusqu'à la chute de l'Empire. Après avoir décrit toutes les phases de cette institution, l'auteur nous renseigne sur le matériel et sur le personnel. C'est le tableau des postes romaines le plus complet que nous connaissions.

Cet ouvrage a été traduit en allemand.

54. — *La Poste à travers les âges, par Pierre Zaccone.* (Numéros 1801 à 1805 du Monde illustré, octobre 1891).

Nombreuses gravures dans le texte.

55. — *Souvenirs et Récits d'un aérostier militaire de l'armée de la Loire (1870-1871), avec une lettre du général Chanzy. Nombreuses illustrations de V.-A. Poirson.* Paris, Dreyfous, 1891, gr. in-8.

56. — *Considérations sur les moyens de transport usités en Belgique du Xe au XVIe siècle, et sur l'origine des Messageries et des Postes communales, par J. Wauters. Extrait du congrès archéologique et historique de Bruxelles, 1891.* J. Goemaere, imprimeur du Roi, Bruxelles.

57. — *Les Postes et les Messageries à Reims du Moyen âge à la fin de l'ancien régime. Extraits des archives de cette ville, publiés avec une Introduction et des Tables, par Henri Jadart, Conservateur-adjoint de la Bibliothèque de Reims.* Arcis-sur-Aube, imprimerie-librairie L. Frémont, 1892. Reims, librairie F. Michaud, 1893, gr. in-8.

Extrait de la Revue de Champagne et de Brie (1892).

Voici un ouvrage des plus curieux sur les Postes à Reims depuis le Moyen âge jusqu'à la Révolution. Les archives de cette ville contiennent « les documents les plus variés, relatifs aux modes de transport employés dans le cours des âges, aux envois de lettres et de commissionnaires, à la réception des ordres royaux, aux gages des chevaucheurs, des messagers et des courriers, à l'état des chemins, aux organisations successives des services publics par terre et par eau ».

Les *Registres de la Taille* fournissent les noms des « porteurs de lettres, varlets à piet, courriers, messagiers » de 1287 à 1413. Les *Conclusions du Conseil de ville* (1429-1779) donnent, sur le fonctionnement des postes et messageries, les renseignements les plus détaillés. Jusqu'en 1550, les envois de courriers ne sont qu'intermittents. Mais, à cette date, une délibération est prise pour organiser un service public et régulier. Pierre Colart, postillon, est investi de cet office, qui lui est renouvelé le 15 février 1558, avec commission expresse de faire le service à quatre chevaux à la disposition des habitants de Reims. La poste royale de Reims ne date que du commencement du XVIIe siècle.

Que de faits intéressants sur les Postes nous réservent encore les archives de certaines villes, lorsque de patients chercheurs les auront tirés de l'oubli !

58. — *Les Unions postales, par Léon Poinsard. Extrait du recueil trimestriel* (Annales de l'Ecole libre des sciences politiques). Publié par Félix Alcan, éditeur à Paris, 1893.

Origine, développement et but de l'Union postale universelle.

59. — *La Poste et les moyens de communication des peuples à travers les siècles, Messageries, Chemins de fer, Télégraphes, Téléphones, par Eugène Gallois. Avec 136 figures intercalées dans le texte.* Paris, librairie J.-B. Baillière et fils, 1894, in-16.

Exposé populaire du développement du service des postes et des moyens de communication de tous les pays du monde. Des illustrations, en général empruntées au catalogue du musée postal impérial de Berlin, ajoutent un attrait particulier à cet ouvrage, auquel on peut cependant reprocher quelques inexactitudes dans la partie historique.

60. — *Le Siège de Paris vu à vol d'oiseau, par Wilfrid de Fonvielle.* Paris, J. Hetzel et Cie, libraires-éditeurs, 18, rue Jacob, s. d. (1895), in-18.

Cet ouvrage fournit une large contribution à l'histoire de la poste aérienne.

61. — *Le transport des correspondances en Gascogne avant Louis XIV, par l'abbé Alph. Breuils.*

(Revue de Gascogne, tome XXXVII. Auch, 1896).

62. — *La Poste avant Louis XI, par Lucien Maury. Extrait des Mémoires et Comptes rendus de la Société scientifique et littéraire d'Alais.* Alais, typographie J. Brabo, 1897, in-8.

63. — *Les Courriers des Foires de Champagne, par P. Huvelin. Extrait des Annales de Droit commercial français, étranger et international,*

1898. Paris, Librairie nouvelle de droit et de jurisprudence, Arthur Rousseau, éditeur, 14, rue Soufflot, 1898, gr. in-8 de 21 p.

Dès le commencement du XIIIe siècle, il existait entre les foires de Champagne et les compagnies de commerce italiennes un échange incessant de nouvelles commerciales. Les corporations de fabricants et de marchands italiens avaient organisé un service régulier de courriers qui s'obligeaient, sous la foi du serment, à transporter les correspondances par les voies les plus sûres et les plus directes. Certaines maisons de commerce contractaient une sorte d'abonnement moyennant quoi elles avaient le droit d'expédier une enveloppe (sparadrappum) contenant une ou plusieurs lettres. Les lettres étaient centralisées aux mains du *camerarius* (secrétaire de corporation) et placées, par celui-ci, dans un sac de cuir (scarcella) remis au *cursor*.

Le mécanisme de cette correspondance collective, extrêmement curieux, rappelle, par plus d'un côté, le mécanisme de la poste moderne.

La *Miscellanea Fiorentina di erudizione e Storia*, publiée par Iodoco del Badia (1re année, n° 10), reproduit un document précieux en raison des renseignements détaillés qu'il donne sur le service postal effectué dans le milieu du XIVe siècle, pour le compte d'une société de marchands florentins, entre Florence et Avignon. Son titre est l'*Ordini de la Scarsella* (Règlement de l'*Escarcelle*). On y lit, au sujet du mode de fermeture du sac (*scarcella*) contenant la correspondance : « on devra faire un grand cachet contenant l'image de saint Jean-Baptiste, telle qu'elle existe sur le florin, avec ces mots : *Sugelo de mercanti de la Scarsela di Fiorenze* (Cachet des marchands de l'*Escarcelle* de Florence). Le timbre devra rester entre les mains de l'*Escarcelle* en exercice, et c'est au moyen de ce timbre qu'ils enverront scellée l'*Escarcelle*. Un autre cachet devra exister et être conservé de la même manière à Avignon, sous cette réserve que les mots qu'il portera seront les suivants : *Sugelo de mercantati fiorentini de la Scharsela* (sic) *di Corte* (Cachet des marchands florentins de l'*Escarcelle* de la Cour) [1] ».

64. — *Pigeons voyageurs par Enrico Melilo, Inspecteur des Postes. Traduit de l'italien par Hubert Schmidt, assistant supérieur des Postes impériales à Bühl*. Strasbourg, typographie de F.-X. Le Roux et Cie, 1898, in-12.

Histoire des pigeons voyageurs racontée dans un langage poétique.

65. — *Histoire des Postes de Genève, par Marc Henrioud, fonctionnaire postal à Lausanne*. Lausanne, imprimerie Georges Bridel et Cie, 1900, pet. in-8.

Nous remarquons, dans ce coquet petit volume, les conditions d'éta-

1. *Bulletin hebdomadaire des Postes, Télégraphes et Téléphones*, n° 30 de 1900.

blissement d'un bureau de poste français à Genève en 1669. C'est probablement le premier bureau de poste français établi à l'étranger.

66. — *Les Postes dans le Pays de Neuchâtel dès leur origine à 1849, par Marc Henrioud, fonctionnaire postal*. Berne, imprimerie Haller, 1902, in-8.

Comme celle des Postes de Genève, l'origine des Postes neuchâteloises est intimement liée à l'histoire des Postes françaises.

67. — Les *Mémoires sur la Ferme générale des Postes* (Bibliothèque de l'Administration des Postes et Télégraphes), comprenant, en 4 volumes, la période de 1731 à 1761, renferment d'intéressants documents sur l'histoire des postes françaises.

Les dictionnaires spéciaux, les encyclopédies, contiennent parfois d'importantes notices historiques postales. Nous nous bornerons à citer les plus récents de ces ouvrages, dont les notices sont aussi les plus complètes.

68. — *Grand Dictionnaire Universel du XIXe siècle, par M. Pierre Larousse*. Paris, 1866-1876.

69. — *Dictionnaire des Finances, publié sous la direction de M. Léon Say, par MM. Louis Foyot, A. Lanjallay*. Berger-Levraut et Cie, Paris et Nancy, 1894.

Contient une étude très substantielle et très bien faite, signée P. Jaccotey.

70. — *La Grande Encyclopédie*. Paris, Lamirault, s. d.

71. — Enfin, nous nommerons le journal l'*Union postale universelle*, précieux recueil d'études postales à toutes les époques et dans tous les pays, écrites par des écrivains spéciaux, tels que MM. Loëper, Thieme, Desenne et tant d'autres.

Voies et moyens de transport.

Nous ne ferons, à titre d'annexe à l'histoire postale, qu'une rapide excursion dans le vaste domaine des voies et moyens de transport. Plusieurs volumes seraient nécessaires pour inventorier les innombrables documents consacrés à la locomotion terrestre, nautique et aérienne, entreprise presque irréalisable. Des milliers de volumes ont été publiés sur les chemins de fer. L'automobilisme, à peine entré dans nos mœurs, a déjà donné naissance à un grand nombre d'ouvrages. M. Gaston Tissandier a dressé une *Bibliographie aéronautique*, en un gros volume in-8, qui nous dispensera de citer les quelques ouvrages sur les ballons qui auraient pu figurer à notre nomenclature. Dans notre modeste essai, qui est plutôt la description d'une collection particulière, nous n'avons à envisager que les transports postaux. A part quelques ouvrages généraux, qui peuvent se rattacher à notre étude, nous ne mentionnerons que ceux dans lesquels la poste tient une place plus ou moins importante. Même à ce point de vue restreint, nous ne nous dissimulons pas que nous nous exposons à de nombreux oublis.

72. — *Histoire des Grands Chemins de l'Empire Romain, par Nicolas Bergier*. Bruxelles, Léonard, 1728 et 1736, 2 vol. in-4.

Ouvrage décrit dans le précédent chapitre.

73. — *Les Voies romaines en Gaule, Voies des Itinéraires, résumé du travail de la Commission de la topographie des Gaules, par Alexandre Bertrand. Extrait de la* Revue archéologique. Paris, aux bureaux de la Revue archéologique, librairie académique, Didier et Cie, quai des Augustins, 35, 1864, in-8.

74. — *Etude historique et statistique sur les voies de communication de la France, d'après les documents officiels, par M. Félix Lucas, Ingénieur des Ponts et Chaussées*. Paris, Imprimerie nationale, M DCCC LXXIII, in-8.

Résumés historiques des routes et ponts, des chemins de fer, de la navigation intérieure, des ports de mer.

75. — *Vingt jours de Route, et Généalogie historique de la famille des coches, messageries, diligences, voitures publiques, malle-postes, etc.; avec des notes, par M. Narratus Viator* (Grandsire). Paris, chez Dénain, libraire, rue de Vienne, 16, 1830, in-8.

Description fantaisiste et pittoresque des véhicules postaux, avec des notes historiques ; physionomie des postillons, des voyages et des voyageurs ; comparaison des services postaux français et anglais vers 1830. Livre curieux.

76. — *Les Postes menacées par les Chemins de fer, par Jouhaud.* Paris, 1840, in-8.

77. — *Les Chemins de fer et les Postes, dans leurs rapports comparés de progrès et de conservation, en France et à l'Étranger, par Jouhaud.* Paris, chez Charpentier, libraire, Palais-Royal, décembre 1841, in-8.

« La France est dotée d'un système complet de communications rapides. Elle demande à profiter, elle aussi, des nouveaux et merveilleux progrès que la vapeur doit leur imprimer, sur plusieurs points du royaume ; mais elle ne veut point compromettre les avantages acquis, et qui s'étendent sur le territoire tout entier ».

L'établissement des chemins de fer aura certainement pour résultat de faire renoncer à la poste aux chevaux. Mais les grandes lignes de chemin de fer ne sont encore qu'en projet. On prévoit une perturbation dans le service établi, et l'on craint sa ruine avant que l'exploitation des chemins de fer soit en état de le remplacer. L'auteur expose le moyen de concilier le maintien des relais de poste avec le développement des voies ferrées, en indemnisant les premiers des pertes qui leur seront occasionnées par le nouveau système de transport.

78. — *Moyen de transporter les lettres, un corps quelconque ne dépassant pas un certain poids avec une vitesse télégraphique de cent lieues à l'heure. Par le baron Alfred de Colonge, attaché à la légation de France en Bavière. Avec quatre figures sur bois.* Munich, 1845, imprimerie de G. Franz.

Exposé d'un singulier et curieux, mais peu pratique, système mécanique de transport.

79. — *La Locomotion. Histoire des chars, carrosses, omnibus et voitures de tous genres, par D. Ramée.* Paris, Amyot, éditeur, 8, rue de la Paix, MDCCCLVI, in-12.

Voitures employées au transport des dépêches de Louis XV à la Restauration ; courrier de la Malle (panier à salade) sous la Convention ; Malle-Poste sous la Restauration.

80. — *Le Pigeon voyageur belge, par F. Chapuis.* Verviers, imp. de Ch. Vinche, 1865, in-12.

81. — *La poste atmosphérique. Transport des correspondances entre Paris et Versailles. Par A. Crespin, constructeur de télégraphes pneumatiques.* Paris, Dunod, éditeur, quai des Augustins, 49, s. d. (1871), in-8.

Etude d'un projet de transport des correspondances entre Paris et Versailles au moyen de tubes pneumatiques munis de relais.

82. — *Le Pigeon voyageur dans les forteresses et au Zanzibar, par F. Chapuis.* Verviers, imprimerie Ch. Vinche, 1878, in-8.

Recherche des moyens à mettre en œuvre pour habituer les pigeons aux voyages d'aller et retour. Projet sur l'établissement d'un service de pigeons reliant la côte occidentale d'Afrique à la côte orientale, du Congo au Zanzibar.

83. — *La Transformation des Moyens de transport et ses conséquences économiques et sociales, par Alfred de Foville.* Paris, librairie Guillaumin et Cie, rue Richelieu, 14, 1880, in-8.

« Les veines et les artères d'un peuple, ce sont ses voies de communication, routes, rivières, canaux, railways, etc.... Son système nerveux, c'est le réseau postal et télégraphique qui sert de véhicule à sa parole, à sa pensée.... Immobilisez tout cela et voilà un peuple mort! »

Dans ce substantiel et très documenté travail, M. de Foville étudie les progrès successifs accomplis dans l'exploitation des routes et voies ferrées, de la navigation intérieure et maritime ; il montre ensuite les effets de la transformation des voies et moyens de transport sur l'agriculture, l'industrie, le commerce, la fortune publique et privée, la population, les mœurs, etc.

Un chapitre est consacré à la poste.

84. — *Les Nouvelles Routes du Globe, par Maxime Hélène, avec une lettre de M. Ferdinand de Lesseps. Canaux isthmiques et routes souterraines. Suez, Panama, Corinthe, Malacca, Saint-Gothard, Mont-Cenis, Arlberg, Simplon, Mont-Blanc, Pyrénées, le tunnel sous-marin du Pas-de-Calais, le canal maritime de Gabès (mer d'Algérie). Les routes de la pensée. Avec 92 gravures dont 4 planches hors texte.* Paris, G. Masson, s. d. (1882), gr. in-8.

85. — *Nos services maritimes postaux, par A. Gaudin.* Bastia, 1882, in-8.

86. — *Cortège historique des Moyens de transport. Dessins et aquarelles de A. Heins. Texte par Edmond Cattier.* Bruxelles, librairie universelle de Vve J. Rosez, 81, rue de La Madeleine, 1886, in-fol. oblong.

Album de 36 planches publié à l'occasion du cinquantenaire des chemins de fer belges. On y remarque des diligences et voitures de poste. Chaque planche est accompagnée d'une notice historique.

87. — *Voies et moyens de communication en France, en Algérie et en Tunisie. Routes; Voies navigables; Chemins de fer ; Bureaux ambulants; Lignes télégraphiques. Par Roger Barbaud, Sous-Inspecteur des Postes et Télégraphes.* Paris, Limoges, librairie Henri-Charles Lavauzelle, 1886, 2 vol. in-32.

Le deuxième volume est presque entièrement consacré à une étude sur les bureaux ambulants français.

88. — *Les Paquebots à grande vitesse et les Navires à vapeur, par Maurice Demoulin. Ouvrage illustré de 45 gravures sur bois.* Paris, librairie Hachette et Cie, 1887, in-16.

De la Bibliothèque des Merveilles.

89. — *Les Merveilles de la Locomotion, par E. Deharme. Illustré de 77 vignettes dessinées par B. Bonafoux, A. Jahandier et A. Marie.* Paris, librairie Hachette et Cie, 1888, in-16.

De la Bibliothèque des Merveilles.

90. — *Encyclopédie théorique et pratique des connaissances civiles et militaires, publiée sous le patronage de la réunion des officiers.*

Sciences appliquées à l'art militaire. Chemins de fer, télégraphie électrique et optique, téléphonie, pigeons voyageurs, aérostation, ponts militaires, routes militaires, 672 figures dans le texte. Paris, H. Chairgrosse fils, éditeur, 25, rue de Grenelle, s. d. (vers 1888), gr. in-8.

Ouvrage classé ici en raison d'une importante étude sur les pigeons voyageurs, dont voici les principales divisions : historique; races, éducation, nourriture et soins; organisation au point de vue militaire, marques à apposer sur les pigeons, manière d'attacher les dépêches ; organisation des colombiers dans les principaux Etats.

91. — *Les Pigeons voyageurs et leur emploi à la guerre, par Eugène Caustier, agrégé des sciences naturelles. Avec figures dans le texte.* Paris, G. Masson, éditeur, 120, boulevard Saint-Germain, 1892, in-8.

92. — *Les Bureaux ambulants et les Paquebots-poste français. Service intérieur et international. Par O. Delahaye, chef de brigade des bureaux ambulants de la ligne du Nord.* Paris, imp. typ. et lith., C. Lévy, 194, rue Lafayette. En vente chez E. Bernard et Cie, éditeurs, 13ter, quai des Grands-Augustins, s. d. (1893), in-8.

93. — *Les chars aux diverses époques, par le Baron de Wismes. Histoire anecdotique et pittoresque des chars, carrosses et voitures de luxe; fiacres et omnibus; postes, messageries, diligences et chemins de fer.* Paris, Alphonse Picard et fils, éditeurs, 82, rue Bonaparte, 1893, gr. in-8.

Curieuse histoire anecdotique des véhicules postaux de Louis XI à nos jours.

94. — *Inventions modernes de correspondance relatives aux postes et télégraphes, 3e édition....., par Edmond Serre, année 1892.* Imprimerie Jean Martel aîné, établie à Montpellier en 1692, 1893, in-12.

Le titre, qui énumère les qualités, inventions et publications de l'auteur, est en outre orné d'un ballon, d'une locomotive et d'une malle-poste.

95. — *John Grand-Carteret. XIXe siècle (en France). Classes. Mœurs. Usages. Costumes. Inventions. Ouvrage illustré d'un frontispice chromotypographique, de 16 pages coloriées aux patrons, de 36 en-têtes et lettres ornées et de 487 gravures (dont 24 tirées hors texte), d'après les principaux artistes du siècle et à l'aide des procédés modernes.* Paris, librairie de Firmin-Didot et Cie, imprimeurs de l'Institut, rue Jacob, 56, 1893, in-4.

Ouvrage spirituellement écrit et remarquablement illustré.

Le chapitre *Les moyens de transport, la locomotion*, nous donne la physionomie des transports postaux dans la première moitié du XIXe siècle.

96. — *Les Communications postales et les Transports entre la France et l'Algérie, par A. de Cluveaux. (Extrait du* Monde Économique, *1er trimestre 1895).* Paris, typographie A. Davy, 52, rue Madame, 1895, gr. in-8.

97. — *Les Pigeons voyageurs à la mer, par E. Caustier, agrégé de l'Université,* in-8 de 10 p.

(Extrait de la Revue des sciences naturelles appliquées, décembre 1895, Bulletin mensuel de la Société nationale d'acclimatation).

98. — *Le Pigeon messager et ses applications, par Ch. Sibillot.* Henry Gautier, éditeur, 55, quai des Grands-Augustins, Paris, s. d., pet. in-12.

(Bibliothèque scientifique des Écoles et des Familles).

99. — *F. Marcevaux. Du Char antique à l'Automobile. Les siècles de la locomotion et du transport par voie de terre. Ouvrage illustré de nombreuses gravures.* Maison Didot, Firmin-Didot et Cie, éditeurs, imprimeurs de l'Institut, 56, rue Jacob, Paris, s. d. (1898), in-4.

Voir chapitre VI, Les Voitures de voyage pour le transport en commun.

100. — *John Grand-Carteret. La Voiture de demain. Histoire de l'Automobilisme (Passé. Présent. Technique. Caricatures). 250 figures.* Paris, librairie Charpentier et Fasquelle, Eugène Fasquelle, éditeur, 11, rue de Grenelle, 1898, in-18.

Charmant volume dans lequel l'illustration et le texte présentent un égal intérêt, « histoire pittoresque, anecdotique, documentaire, par l'image et par le texte, par des figurines exactes et par la caricature, des voitures à vapeur du passé et des voitures automobiles du présent ».

Voir chapitre X, *Les automobiles postales* en France, en Angleterre, en Allemagne et en Italie.

101. — *Les Anciens paquebots entre Le Havre et New-York, par Louis*

Brindeau, Directeur politique du Journal du Havre. Havre, imprimerie du *Journal du Havre* (A. Lachèvre), 1900, in-12.

102. — *Le Pigeon voyageur dans le service d'exploration, par le général Paul de Benoist, avec 12 figures dans le texte.* Paris, librairie militaire R. Chapelot et Cie, 30, rue Dauphine, 1900, in-12.

Nous terminons par la superbe publication de l'écrivain bibliophile Octave Uzanne.

103. — *La Locomotion à travers l'Histoire et les Mœurs, par Octave Uzanne. Illustrations dans le texte et hors texte de Eugène Courboin. Nombreuses reproductions d'estampes anciennes.* Paris, Société d'éditions littéraires et artistiques, librairie Paul Ollendorf, 50, Chaussée-d'Antin, 1900, in-4.

Tiré à 1.500 exemplaires sur vélin teinté, 80 exemplaires sur japon impérial, et 10 exemplaires sur japon format colombier.

Revue au galop, et cependant très documentée, de la locomotion dans l'antiquité, à travers l'univers, et principalement en France, « écrite avec une érudition légère et d'allure accélérée ».

Rien de plus agréable et de plus instructif que de suivre l'auteur dans sa description, à travers les siècles et à travers le monde, des véhicules en usage depuis l'antiquité jusqu'à nos jours.

A consulter, en ce qui nous concerne, les chapitres V et VI, la locomotion sous Louis XV, Louis XVI et la Révolution; la locomotion depuis la Révolution ; moyens de transport postaux, diligences, malles-poste, coches, etc.

Législation, Jurisprudence, Exploitation.

Les lois, décrets, arrêtés, instructions, etc.; les rapports, exposés; les conventions, arrangements concernant le service des postes, depuis son établissement jusqu'à ce jour, se comptent par milliers. Nous n'essaierons pas de dresser la liste de ces documents, publiés à part, ou compris dans des recueils spéciaux : il suffira à notre tâche de rechercher les travaux auxquels ils ont donné lieu, et de décrire les ouvrages qu'ils ont inspirés.

A côté des publications officielles relatives à l'exploitation postale, nous mentionnerons les principaux manuels, traités, guides conçus par des agents des postes, dans le but de préparer les candidats aux examens ou de faciliter leur tâche aux collègues moins expérimentés, en négligeant toutefois les opuscules trop spéciaux, barêmes, tarifs, etc., aussi bien que les traités relatifs aux services annexes des postes, caisse d'épargne postale, recouvrements, etc. Nous comprendrons également dans ce chapitre les ouvrages divers qui nous paraîtront se rattacher à l'exploitation postale. C'est ainsi que nous reprendrons la suite de notre première étude intitulée *Des publications destinées à renseigner le public sur le service des Postes*, qui s'arrête à la fin du XVIIIe siècle. Nous ne pensions pas alors que cette petite étude dût nous donner l'idée d'un travail bibliographique plus étendu.

104. — *Code Voiturin ou Recueil des Édits, Déclarations, Lettres patentes, Arrests et Règlemens concernant les fonctions, droits, privilèges, Immunités, Franchises, Libertés et Exemptions, tant des Messagers Royaux que de ceux de l'Université de Paris, et autres Voituriers publics. Depuis 1200 jusqu'en 1748.* A Paris, de l'Imprimerie de Prault père, quai de Gèvres, au Paradis, M. DCC. XLVIII. 2 vol. in-4.

Recueil important de tout ce qui a trait aux messageries et voitures publiques en France depuis 1200 jusqu'en 1748. On y trouve des renseignements intéressants sur les chemins, coches et carrosses, lettres de voiture, messagers de l'Université, messagers royaux, maîtres de poste, prix des places, ports des paquets, etc.

En tête de l'ouvrage se trouve une table générale des règlements suivie d'un index et de la table alphabétique des matières. L'introduction contient une notice sur l'origine des messageries. Suivent les édits, déclarations, arrêts, au nombre de près de cinq cents, rendus depuis Philippe le Bel jusqu'à Louis XV, avec quelques remarques historiques.

105. — *Projet d'État du Service de la Poste aux Lettres, pour 1792.*

Proposé par les Comités des Finances, des Contributions publiques, d'Agriculture et de Commerce. Imprimé par ordre de l'Assemblée Nationale. A Paris, de l'Imprimerie Nationale, 1791, in-8 de 29 p.

Organisation des routes avec indication des villes desservies; fixation du nombre d'ordinaires et montant des dépenses.

106. — *Tableaux des quatre-vingt-trois départements, avec leurs distances et leurs taxes respectives.* S. l. n. d. (Paris, 1791), in-4.

Ouvrage gravé, dressé pour l'exécution de la loi du 22 août 1791, qui établit un nouveau tarif des objets expédiés par la poste, en vigueur à partir du 1er janvier 1792.

Ce nouveau tarif, qui remplace celui de 1759, est basé sur la distance, à vol d'oiseau, d'un point central choisi dans chaque département aux points centraux des autres départements.

Pendant la période révolutionnaire, les tarifs subirent de fréquentes modifications. Citons, à titre de curiosité, le tarif excessif établi par la loi du 6 nivôse an IV (27 décembre 1795).

Le port de la lettre simple (un quart d'once) fut ainsi fixé :

1° Distance jusqu'à 50 lieues : 2 livres 10 sous.
2° De 50 à 100 lieues : 5 livres.
3° De 100 à 150 lieues : 7 livres 10 sous.
4° Au-delà de 150 lieues : 10 livres.

Les lettres simples de Paris pour Paris furent taxées à 15 sous.

Cette loi, rendue dans le but d'augmenter les revenus du trésor, produisit un résultat tout contraire. Aussi, moins de six mois après, reconnut-on la nécessité de réduire le tarif, tout en augmentant le poids de la lettre simple, qui fut porté à une demi-once, 6 messidor an IV (24 juin 1796).

Notons également la date de l'emploi des *francs et décimes* pour *la taxe des lettres :*

Loi du 27 frimaire an VIII. Nouveau tarif pour la poste aux lettres.

Art. 5. — A dater du 1er germinal prochain, les lettres seront taxées en francs et décimes et il ne sera fait usage, dans tous les bureaux de poste, pour la taxe des lettres, que des poids républicains.

107. — *De la nécessité de séparer les postes des messageries, par Legendre.* Paris, Ballard, 1792, in-8.

108. — *Instruction générale sur le Service des Postes.* S. l. n. d. A la fin : à Paris, de l'Imprimerie des Administrations Nationales, in-4.

Première Instruction générale sur le service des postes, sorte de code des postes comprenant l'ensemble des règlements concernant ce service.

La publication d'une Instruction était indispensable, surtout au moment où la Convention décrétait l'élection des directeurs par les assemblées électorales, mesure qui permettait l'entrée dans l'Administration de fonctionnaires dépourvus de notions sur le service postal.

L'Instruction générale de 1792 s'ouvre par une introduction intitulée : *Idée générale sur le service des Postes* qui, d'une manière générale, fait ressortir les avantages et l'utilité de l'institution des postes, et trace aux employés la conduite qu'ils doivent tenir dans l'exercice de leurs fonctions : « De toutes les parties d'Administration publique, il n'en est pas une de plus propre sans doute que le service des Postes, à mériter l'intérêt et à exciter l'émulation de tout bon citoyen appelé à en partager les fonctions.

« C'est cet établissement qui donne la vie au commerce, et qui en particulier en entretient l'activité ; c'est par lui que se soutiennent toutes les relations civiles, morales et politiques ; c'est par lui, c'est par son heureuse entremise que disparaissent, en quelque sorte, les distances. C'est le lien qui rapproche et unit les hommes d'un point de la terre à l'autre... Enfin, c'est à la France que l'Europe, que l'Univers entier doit l'invention de ce même établissement. De quel zèle ne doit pas être animé tout Citoyen français chargé de son exécution, et qui peut concourir à en augmenter les avantages en travaillant à le perfectionner !... Le premier devoir d'un employé des postes est de se concilier la confiance générale par son civisme, par la régularité de ses mœurs, sa discrétion et sa sévère exactitude dans toutes les parties de son service ; enfin, par sa modération, son honnêteté envers tous ses concitoyens et sa constante fermeté à s'opposer à tout ce qui pourrait tendre à trahir les secrets dont il est le dépositaire. »

Vient ensuite la législation, puis l'instruction proprement dite, divisée en trois parties : les deux premières sont relatives aux opérations et manipulations successives auxquelles sont soumis les objets confiés au service des postes, depuis leur dépôt jusqu'à leur remise entre les mains des destinataires ; la troisième traite de la comptabilité, de la surveillance et de la correspondance.

L'Instruction générale est suivie d'un *Supplément d'Instruction relativement aux Directions composées.*

On lit à la fin :

« Le Directoire arrête la présente Instruction pour être imprimée et envoyée à tous les Directeurs et Contrôleurs des Postes auxquels il enjoint de s'y conformer exactement. Il recommande en outre aux Inspecteurs, à qui elle sera pareillement adressée, de tenir la main à son exécution dans les Départemens soumis à leur Surveillance et Inspection.

» Fait au Directoire des Postes, à Paris, ce vingt-cinq octobre mil sept cent quatre-vingt-douze, l'an premier de la République française.

» Le Président et Administrateurs des Postes. »

109. — *Mémoire à la Convention nationale sur la réunion des Postes*

aux lettres et des Messageries. De l'Imprimerie de Charpentier, rue Denis, s. l. n. d. (Paris, 1794), in-8 de 15 p.

Ce mémoire qui, à la fin, porte la signature manuscrite de Buteau, administrateur des postes et des messageries, et une autre signature illisible, s'élève contre la réunion des postes aux lettres aux messageries.

110. — *Supplément au Dictionnaire géographique des Postes de Guyot, contenant le nom de toutes les Villes, Communes et principaux endroits des départements des* Alpes-Maritimes, Dyle, Escaut, Forêts, Jemmapes, Leman, Lys, Meuse-Inférieure, Mont-Blanc, Mont-Tonnerre, Deux-Nèthes, Ourte, Bas-Rhin, Haut-Rhin, Rhin-et-Moselle, Roer, Sambre-et-Meuse, Sarre *et* Vaucluse (*Départemens-Réunis en* totalité *ou en* partie *à la République Française*), *avec l'indication du Département dans lequel ces endroits sont situés, et leur distance en* kilomètres *du Bureau de Poste par lequel les lettres doivent être adressées ; auxquels on a joint les Départements de la* Seine, *et de* Seine-et-Oise, *attendu les changemens survenus dans le service des Postes aux lettres dans ces deux Départemens. Présenté au Citoyen Commissaire central du Gouvernement près les Postes, et Administrateurs des Postes. Par A. F. Lecousturier l'aîné, Sous-Chef du Bureau de la Recherche des lettres mal-adressées, F. Chaudonet, Vérificateur de la taxe.* Paris, thermidor, an IX, in-8.

L'intérêt de ce Supplément au Dictionnaire réside surtout dans sa dernière partie. Sous le titre *Administration générale des Postes impériales*, on y trouve la description de l'organisation centrale des postes, et du service des postes dans le département de la Seine ; la nomenclature des bureaux de poste français, les postes aux armées ; le tableau du départ des lettres pour les pays étrangers. On y remarque aussi l'organisation de l'*Administration de l'entreprise générale des Messageries*, suivie du tableau du départ des diligences pour toutes destinations.

111. — *Instruction générale sur le service des Postes*. A Paris, de l'Imprimerie impériale, 1808, in-4.

L'Instruction générale de 1808 est précédée d'un *Avertissement* prescrivant le renvoi à l'administration de l'instruction de 1792 et des circulaires annulées, et donnant la liste des circulaires en vigueur. Des *Observations préliminaires* contiennent la constitution du personnel et le sommaire des matières comprises dans l'Instruction, qui est divisée en neuf parties. La première partie traite du matériel, la deuxième des tarifs, contre-seings et franchises ; la troisième de l'exécution proprement dite du service ; les parties suivantes traitent successivement de la comptabilité et de la correspondance, de la législation, des courriers, piétons et entrepreneurs de services, etc. ; enfin, la dernière partie renferme les instructions spéciales aux bureaux composés.

112. — *Règlement général sur les franchises et contre-seings*. A Paris, de l'Imprimerie impériale, 1808, in-4.

La *franchise* est l'exemption de port accordée à la correspondance relative au service public et à certains objets assimilés à cette correspondance.

113. — *Instruction générale sur le service des Postes aux Lettres*. A Hambourg, chez Conrad Müller, imprimeur de la Commission de Gouvernement, 1811, in-4.

Armes de l'empire français sur le titre.

Traduction allemande de l'Instruction générale de 1808, textes français et allemand en regard.

Hambourg, lieu de publication, était le chef-lieu du département des Bouches-de-l'Elbe. Les idées françaises avaient pénétré, à la suite des armées, dans les pays annexés, et Napoléon y introduisait le code et l'administration de la France.

114. — *Dictionnaire des Postes aux Lettres du royaume de France, contenant les noms de toutes les villes... Nouvelle édition, par A.-F. Lecousturier l'aîné, suivie d'un essai sur la division territoriale...* A Paris, chez Lecousturier l'aîné, rue de Lancry, n° 18. Dans les Départements et l'Étranger. S'adresser à MM. les Directeurs des Postes. Valade, imprimeur du Roi et de Madame, 1817, 3 vol. in-8.

En 1837, M. Conte, Directeur général des Postes, fit imprimer, en deux volumes in-folio, un nouveau *Dictionnaire des Postes*, comprenant douze mille noms de plus que celui de 1817.

D'autres éditions suivirent dans le cours du XIXe siècle, de l'Imprimerie royale, puis des maisons Oberthür à Rennes, et Laurent à Pithiviers, 1845, 1859, 1862, 1869, 1876, 1881, 1884, 1892.

115. — *Code des Maîtres de Poste, des entrepreneurs de Diligences et de Roulage, et des Voituriers en général par terre et par eau, ou Recueil général des arrêts du Conseil, arrêts de règlement, lois, décrets, arrêtés... concernant les Maîtres de Poste, les entrepreneurs de Diligences et de Voitures publiques en général... etc. Avec des commentaires et un résumé des décisions de la Jurisprudence sous chaque article, suivi d'un traité de la responsabilité des voituriers en général, par A. Lanoë, avocat à la Cour royale de Paris*. Paris, Roret, libraire, rue Hautefeuille, 1827, 2 vol. in-8.

Première partie : résumé de la législation antérieure à 1789, suivi des lois, décrets, etc., de 1789 à 1827. Seconde partie : itinéraire général des postes et relais de France ; lois et décrets réglant les rapports des voituriers avec l'administration des contributions indirectes ; et la responsabilité des voituriers à l'occasion de l'exercice de leurs fonctions.

116. — *Nouveau Code voiturin, ou Recueil complet des édits, lettres patentes, etc., et généralement de tous les actes de l'autorité publique actuellement en vigueur, concernant les messageries, les voitures publiques et le roulage, avec 1° une Introduction, etc., par P.-C. Lafargue, avocat à la Cour d'appel de Paris.* Paris, Moreau, Charles Béchet, 1827, in-8.

117. — *Ministère des Finances. Instruction générale sur le service des Postes.* Paris, Imprimerie royale, mai 1832, 3 vol. in-folio.

L'Instruction de 1808 était depuis longtemps épuisée. Plus de 1.500 circulaires, qui se modifiaient et se détruisaient les unes les autres, avaient paru depuis 1808. Les agents éprouvaient les plus grandes difficultés pour se guider à travers cet amas de documents, dont un grand nombre étaient devenus inutiles. Ces considérations déterminèrent le Directeur général, M. Conte, à publier une nouvelle Instruction générale, dont les dispositions furent appliquées à partir du 1er juillet 1832. Celle-ci, divisée en douze parties est précédée d'un avertissement qui se termine ainsi : « Cette instruction, qui détermine les devoirs des employés des postes envers le public, donne par cela même au public la mesure de ce qu'il doit exiger des employés. Elle sera donc un guide pour les uns, un moyen de contrôle satisfaisant pour les autres, et une garantie pour tous. »

118. — *Ministère des Finances. Supplément à l'Instruction générale sur le Service des Postes. Manuel des Franchises.* Paris, de l'Imprimerie royale, juillet 1833, petit in-folio.

Avertissement indiquant les divisions de l'ouvrage.

Introduction contenant la définition de la franchise; la nature des objets admis en franchise et leur conditionnement; des observations sur les fonctionnaires jouissant de la franchise.

Tableaux des fonctionnaires.

En appendice : Postes militaires. Tableau des franchises attribuées à la correspondance des officiers et fonctionnaires faisant partie des armées.

Seconde édition en 1839.

119. — *Codes populaires, par Henry Celliez, avocat. Code du voyageur par terre et par mer.* Paris, Marchant, libraire-éditeur du Magasin théâtral; boulevard St-Martin, 12, 1836, in-24.

Voyages par les malles-postes, voyages en poste ; des postillons et des relais, etc.

120. — *Le Code des postes et relais de France depuis 1789; précédé de l'indication analytique et de quelques textes des lois antérieures, par Bole.* Paris, B. Warée, Aimé Morel, 1839, in-12.

121. — *Manuel des Maîtres de Poste indiquant nettement leurs obliga-*

tions envers l'administration publique et leurs droits à l'égard des entrepreneurs de voitures publiques qui n'emploient pas leurs chevaux, par C. Van Huffèl. Paris, Delaunay, Delamotte, 1839, in-8.

122. — *Le Messagiste, ou traité théorique, pratique et législatif de la messagerie, divisé en quatre parties, renfermant tout ce qui concerne le matériel, les relais, le travail des bureaux et la législation, précédé d'un essai historique sur les postes et la messagerie, par J. Hilpert.* Paris, Aimé-André, 1840, in-8.

123. — *De la publication des lettres confidentielles, par M. Cormenin.* (Revue critique de législation et de jurisprudence, tome I, 1851).

124. — *Du transport par eau et par terre. Navigation maritime et intérieure; commissionnaires; messageries; chemin de fer; télégraphie; postes; voitures, etc.; par M. Louis Pouget, avocat.* Paris, Auguste Durand, Napoléon Chaix, 1852, 2 vol. in-8.

Le chapitre V du tome II concerne l'administration des postes : aperçu historique, transport des lettres, responsabilité pour perte ou soustraction de lettres, pour retards, pour accidents causés par les courriers, compétence, etc., etc.

125. — *Répertoire méthodique et alphabétique de législation, de doctrine et de jurisprudence en matière de droit civil, commercial, criminel, administratif, de droit des gens et de droit public. Nouvelle édition, par M. D. Dalloz aîné, et par M. Armand Dalloz, son frère.* Paris, Bureau de la Jurisprudence générale, rue de Lille, 19, 1850 et suiv.

126.— *Supplément au Répertoire méthodique et alphabétique de législation.... de MM. Dalloz, publié sous la direction de MM. Gaston Griolet et Charles Vergé, avec le concours de M. C. Koehler, et la collaboration de plusieurs magistrats et jurisconsultes.* Paris, Bureau de la Jurisprudence générale, 1890 et suiv.

Voir dans ces deux ouvrages les mots : *Lettres missives* et *Postes* [1].

127. — *Ministère des Finances. Instruction générale sur le service des Postes.* Paris, Imprimerie impériale, 1856.

Conçue sur le plan de l'Instruction de 1832, et éditée en deux formats : in-4 de 685 p., et in-8 de 951 p.

128. — *Bulletin mensuel de l'Administration des Postes*, devenu, après la fusion des Postes et des Télégraphes, le *Bulletin mensuel des Postes et des Télégraphes*.

---

1. Voir également ces mots dans les autres recueils généraux de droit, répertoires, codes expliqués, etc.

Publication mensuelle in-8 destinée à recevoir les modifications ou dispositions nouvelles apportées à l'Instruction générale. Ce bulletin, créé en 1855, par M. Stourm, alors Directeur général des Postes, se continue.

129. — *Tarif général des taxes que doivent percevoir les bureaux de poste de la France et de l'Algérie pour les correspondances à destination ou provenant des colonies françaises et des pays étrangers.* S. l. (Paris) 1859, 1861, 1868, in-4.

Publication officielle renouvelée chaque fois que l'importance des changements survenus l'exige. Elle prend, en 1879, le titre de :

Tarif international indiquant les taxes et conditions d'envoi applicables en France et en Algérie aux correspondances à destination ou provenant des colonies françaises et de tous les pays étrangers. S. l. (Paris), 1879, in-4.

Le titre, modifié de nouveau en 1886, devient en 1899 le *Tarif des Postes.*

130. — *Supplément au Dictionnaire des Postes, comprenant les départements des Alpes-Maritimes, de la Savoie et de la Haute-Savoie.* C. Oberthür, à Rennes, éditeur du Dictionnaire et de l'Almanach des Postes de l'Empire, maison à Paris, 35, rue des Blancs-Manteaux, 1862, in-4.

Dix ans après, hélas! l'Administration fournissait à son personnel la *Nomenclature des communes cédées* à l'Allemagne.

131. — *Dictionnaire des Postes de l'Algérie. Nomenclature des communes, faubourgs, villages... et lieux habités quelconques, ayant un nom particulier dans les trois provinces ou départements d'Alger, d'Oran et de Constantine, dressée par ordre de son Exc. M. le Gouverneur général de l'Algérie et publiée avec l'autorisation de M. le Conseiller d'État, Directeur général des Postes,* par Oberthür, à Rennes, 1862, in-4.

132. — *Réforme du service de la Poste dans l'intérieur de Paris et des grandes villes, par Amédée Sébillot, ingénieur.* Paris, E. Dentu, Palais-Royal, 13, Galerie d'Orléans, Librairie nouvelle, 1860, in-8 de 27 p.

Étude sur le transport des correspondances par le vide, au moyen de tubes pneumatiques ; description du projet de M. Kieffer, qui doit être appliqué à Paris.

133. — *Manuel des Postes, pour faciliter les opérations courantes et périodiques des bureaux de poste et principalement des bureaux simples, par Charles Mauget, receveur à Vouziers.* Rennes, Oberthür, 1863 [1].

---

1. ISSANCHOU. *Livre d'or des Postes.*

134. — *Manuel du service à l'Inspection des Postes, par F. Balmitgère.* Perpignan, 1863, in-12 [1].

135. — *Traité de la législation des Maîtres de Poste, précédé d'une notice sur les relais, par A. Duché.* Rouen, 1864, in-12 [1].

136. — *De la Correspondance privée, postale ou télégraphique, dans ses rapports avec le droit civil, le droit commercial, le droit administratif et le droit pénal, par Edgar Hepp.* Paris, Auguste Durand, 1864, in-8.

137. — *Code annoté de la Législation des Postes, par Bergues-Lagarde* (Journal des Postes, 1865 à 1868).

138. — *Manuel des candidats aux examens du second degré de l'Administration des Postes, par Émile Usquin.* Marseille, 1866, in-8 [1].

139. — *Des Lettres missives, par M. Vanier, docteur en droit, juge à Cherbourg.* (Extrait de la Revue pratique de droit français, tome XXI). Paris, A. Marescq aîné, 17, rue Soufflot, 1866, in-8 de 34 p.

140. — *Direction générale des Postes. Instruction générale sur le service des Postes.* Paris, Imprimerie impériale, 1868, in-4.

Cette Instruction, qui diffère de la précédente dans sa forme comme dans son esprit, comprend trois parties principales : la constitution du service, son exécution, sa direction et son contrôle. Elle est terminée par un recueil de *Législation et de Jurisprudence* qui reproduit le texte des principales lois et des principaux arrêts des tribunaux concernant le service des Postes.

Une édition spéciale destinée aux receveurs de bureaux simples et aux distributeurs ne contient pas la partie réservée à la direction et au contrôle.

Deuxième édition : Paris, Imprimerie nationale, 1876, in-4.

141. — *Pensions de retraite. Guide pratique à l'usage des agents des Postes, par A. Ulry, Commis à l'Administration centrale des Postes.* Nancy, imprimerie de Hinzelin et Cie, 1869, in-8.

142. — *Lettres missives. Propriété. Droit de publication. Droits d'auteur. Par M. Deffis.* (Annales de la propriété industrielle, artistique et littéraire, 1870, t. XVI).

143. — *Manuel du service des Recettes postales, par Edmond Serre.* Montpellier, 1870, in-12 [1].

144. — *Don Gle des Postes. Manuel des franchises.* Paris, Imprimerie nationale, MDCCCLXXV, in-4.

1. Issanchou. *Livre d'or des Postes.*

Tous les décrets et ordonnances concernant les franchises et contreseings ont été coordonnés et réunis dans l'ordonnance du 17 novembre 1844, reproduite en tête du volume, et qui, bien que modifiée par quelques ordonnances et décrets postérieurs, forme encore aujourd'hui le règlement de la matière.

145. — *Traité théorique et pratique de la Correspondance par Lettres missives et Télégrammes d'après le droit civil et commercial, et de la législation réglementant les rapports des particuliers avec les Administrations des Postes et des Télégraphes, par Rodolphe Rousseau, avocat à la Cour de Paris, 2e édition.* Paris, A. Marescq aîné, libraire-éditeur, rue Soufflot, 20, 1877, in-8.

La première édition, complètement remaniée dans celle-ci, a paru en 1876, à Paris, chez Pichon, in-8.

Nous ne saurions mieux faire, pour donner l'idée de l'esprit de ce livre, que de reproduire les lignes suivantes empruntées à l'introduction : « L'échange de lettres missives et de télégrammes ou, pour employer une expression générique, la *correspondance,* produit des effets juridiques qui, jusqu'à ce jour, n'ont été étudiés dans aucun traité spécial. On ne découvre pas, tout d'abord, les difficultés qui peuvent naître de cet échange de lettres et de télégrammes ; et pourtant ces difficultés sont nombreuses et graves... L'énumération seule de toutes ces questions, toujours délicates à trancher, suffit à démontrer l'utilité d'une étude spéciale de toutes les difficultés se rattachant de près ou de loin à la correspondance. C'est dans notre droit civil, dans ses règles fixes et sûres, que se trouvent toutes les solutions ; c'est à ce droit qu'il faut recourir sans cesse et jamais en vain ; ce sont ses savants commentateurs qu'il faut toujours consulter, et toujours ils prodigueront d'utiles renseignements. On ne trouvera donc dans cet ouvrage qu'une chose nouvelle : l'application à une matière spéciale des principes généraux du droit ».

La première partie de l'ouvrage traite des rapports établis entre particuliers par la correspondance, de la propriété des lettres missives, des droits de l'expéditeur et du destinataire, des règles auxquelles est soumise la production des lettres missives en justice, des contrats par correspondance, etc. La deuxième partie traite des rapports des particuliers avec l'Administration des Postes, monopole et exceptions, contraventions, secret des lettres, etc. La dernière partie concerne le télégraphe.

Ajoutons qu'en publiant ce livre, M. Rousseau a comblé une véritable lacune.

146. — *Etudes sur les Rapports internationaux. La Poste et le Télégraphe. Par L. Renault, professeur agrégé à la Faculté de Droit de Paris.* Paris, L. Larose, libraire-éditeur, 22, rue Soufflot, 1877, in-8.

Etude des conventions postales et télégraphiques conclues entre la France et les pays étrangers de 1802 à 1874.

147. — *Manuel postal théorique et pratique à l'usage spécial des agents du service des postes et du service télégraphique, suivi d'un chapitre renfermant les notions élémentaires du service télégraphique à l'usage des agents des guichets. Par A. Frault, Commis des Postes à Paris, bureau nº 10.* A Paris, chez l'auteur, 1879, in-8.

Exposé très bien fait des dispositions qui régissent le service des Postes, commentaire détaillé de l'Instruction générale, appuyé d'exemples judicieusement choisis. L'auteur a, dans plusieurs éditions successives, remanié et parfait son ouvrage, qui est devenu un guide professionnel très apprécié des agents des Postes et des Télégraphes.

Citons la sixième édition :

148. — *Manuel postal théorique et pratique, par Adrien Frault, Commis principal à l'Administration des Postes et des Télégraphes. Sixième édition.* Adrien Frault, auteur-éditeur, 14, rue Mouton-Duvernet, Paris, s. d. (1897), in-8.

Dans un *Avis aux Lecteurs*, l'auteur explique, d'une manière détaillée, le nouveau plan adopté dans cette édition, absolument différente des précédentes. Les améliorations introduites portent principalement sur le Service international, les Affranchissements, les Contraventions et la Comptabilité.

149. — *Guide Manuel du postulant au surnumérariat des Postes et des Télégraphes et à l'emploi d'auxiliaire des Télégraphes, par Emile Usquin, Directeur des Postes. Cinquième édition.* Montpellier, 1880, in-12.

La première édition de ce Manuel date de 1865.

150. — *Les Congrès internationaux de la poste et du télégraphe, par de Kirchenheim.* (Revue de droit international et de législation comparée, p. 381, 1881).

151. — *Traité théorique et pratique du service des Directions départementales des Postes et des Télégraphes, par Albert Hec.* Nantes, 1882, in-12.

152. — *Manuel théorique et pratique à l'usage des receveurs des Postes, par Min Fabin, Commis des Postes et Télégraphes à Guéret (Creuse).* Limoges, imprimerie Chatras et Cie, 1882, in-8.

153. — *Guide des Receveurs des Postes et des Télégraphes (quatrième édition), par L. Vacherat, Inspecteur des Postes.* Moulins, 1883, pet. in-8.

Première édition en 1860 [1].

---

1. Issanchou. *Livre d'or des Postes.*

154. — *Ansault. Cours d'exploitation postale professé à l'École supérieure des Postes et Télégraphes (1881-1882).* Paris, 1883, in-4, autographié.

Remarquable enseignement professionnel du distingué délégué français aux Congrès internationaux des Postes.

Le *Cours de législation et exploitation postales*, professé par M. Herman (session 1901-1902), a été également autographié.

155. — *Manuel des postulants aux recettes de début et aux emplois de dame dans le service des Postes et Télégraphes, par A. Burnier, Commis principal de Direction des Postes et Télégraphes à Digne. Troisième édition.* Digne, imp.-libr. Vial, s. d., pet. in-8.

156. — *Les Lettres missives. Question de propriété littéraire, par Lionel Laroze, avocat à la Cour de Paris.* Paris, Calmann-Lévy, éditeur, 3, rue Auber, 1883, in-8 de 20 p.

157. — *Des Lettres missives. Discours de M. Baudouin, Avocat général. Cour d'appel de Lyon. Procès-verbal de l'audience solennelle de rentrée du 3 novembre 1883.* Lyon, imprimerie Mougin-Rusand, 1883, in-8 de 47 p.

De la propriété des lettres missives, du droit de publication des lettres missives, inviolabilité du secret des lettres; le secret des lettres devant la justice et devant l'autorité que la loi civile accorde au mari sur la femme, au père et à la mère sur les mineurs, au tuteur sur le pupille, etc.

158. — *J.-G. Borrel, Commis à l'Administration centrale du Ministère des Postes et des Télégraphes. Guide pratique des candidats aux emplois de surnuméraires, de commis auxiliaires, de dames télégraphistes et téléphonistes, ou d'employées dans les services administratifs, à la Caisse d'épargne postale, etc.* Paris, J.-G. Borrel, auteur-éditeur, rue Guilleminot, 22, 1884, 2 vol. in-8 car.

159. — *J.-G. Borrel, Commis à l'Administration des Postes et des Télégraphes. Les Recettes simples, conseils aux aides et aux receveuses des Postes et des Télégraphes.* Paris, J.-G. Borrel, auteur-éditeur, rue Guilleminot, 22, 1884, in-8.

160. — *Les derniers congrès internationaux de la poste et du télégraphe, par de Kirchenheim.* (Revue de droit international et de législation comparée, p. 145, 1885).

161. — *La propriété et l'inviolabilité du secret des lettres missives en droit français. Thèse pour le doctorat, par Albert Tissier, avocat.* Paris, Chevalier-Marescq, éditeur, 20, rue Soufflot, 1885, in-8.

Étude des différentes questions qui se rattachent à la propriété et à l'inviolabilité du secret des lettres; règles de droit public et pénal qui protègent la circulation des lettres; de quels droits peut être l'objet la lettre parvenue entre les mains du destinataire; à quelles conditions sont assujetties la transmission de la lettre entre les mains des tiers, sa production en justice et sa publication.

162. — *De l'Insaisissabilité, dans les rapports internationaux, des navires affectés au service postal, par H. Guillibert.* (Clunet, Journal de droit international privé, 1885, p. 515 et suiv.).

163. — *Questionnaire à l'usage des candidats aux examens du second degré, renfermant une carte des bureaux de poste ambulants français et du réseau complet des chemins de fer français, par Ad. Frault, rédacteur à l'Administration centrale du Ministère des Postes et des Télégraphes.* Adrien Frault, auteur-éditeur, boulevard Montparnasse, 55 *bis*, Paris, s. d. (vers 1885), in-8.

164. — *Stoffel Auguste. Université de France. Académie de Nancy. De la légitimité en droit romain. Des lettres missives en droit français. Thèse.* Nancy, imp. de Sordoillet, 1886, in-8.

165. — *De la Responsabilité civile de l'État en matière de postes et de télégraphes, par Ferdinand Sanlaville, docteur en droit, avocat à la Cour d'Appel.* Paris, Berger-Levrault et Cie, 5, rue des Beaux-Arts. Même maison à Nancy, 1886, gr. in-8.

Importante étude sur la responsabilité civile de l'Etat en matière de postes, de télégraphes et de téléphones; responsabilité au point de vue des conventions internationales relatives aux postes et aux télégraphes. Après un exposé historique de l'institution des postes, et un aperçu de la responsabilité de l'Administration sous l'ancienne monarchie et pendant la Révolution, l'auteur, arrivant à la période actuelle, étudie successivement les différents cas dans lesquels la responsabilité de l'État peut être engagée.

166. — *Conférence sur le nouvel Hôtel des Postes, par M. Guadet, architecte du Gouvernement.* (*Extrait des Mémoires de la Société des ingénieurs civils*). Paris, Imprimerie et Librairie centrales des chemins de fer. Imprimerie Chaix, rue Bergère, 20, 1886, in-8.

Historique du projet de reconstruction de l'Hôtel des Postes. Description de l'édifice, principalement au point de vue de l'exploitation.

167. — *J.-G. Borrel, Rédacteur à l'Administration centrale du Ministère des Postes et des Télégraphes. Traité de rédaction à l'usage des candidats aux examens de l'Administration des Postes et des Télégraphes. Quatrième édition.* Paris, J.-G. Borrel, éditeur, 22, rue Guilleminot, 1887, in-8.

168. — *Guide théorique et pratique de Comptabilité postale et télégraphique. par E. Espert, Commis à la Direction des Postes et des Télégraphes des Basses-Alpes*. Pithiviers, imprimerie H. Laurent, 1887, in-12.

169. — *Traité du Service des Recettes des Postes, à l'usage des receveurs, commis, surnuméraires et aides de l'Administration des Postes et des Télégraphes par Rouland et Bouguet, Commis à l'Administration centrale des Postes et Télégraphes*. Paris, chez les auteurs, 1888, in-8.

Traité clair et méthodique conçu en vue des nombreuses modifications apportées au service postal, depuis la publication de l'Instruction générale de 1876, par la fusion des postes et des télégraphes et la création de différents services annexes.

Deuxième édition en 1893.

170. — *Respect dû à la Correspondance. Thèse pour le doctorat, par Achille Voillaume, avocat à la Cour de Paris.* Dijon, Imprimerie régionale, 1888, gr. in-8.

Principe de l'inviolabilité du secret des lettres. Historique. Sanction de ce principe. Exception. Effet du principe de l'inviolabilité sur le droit de propriété des lettres missives, etc.

171. — *Des Lettres missives au point de vue du droit pénal, par M. Valabrègue*. (Journal des parquets, 1888, p. 100 et suiv.).

172. — *De la propriété et de l'inviolabilité du secret des lettres, par Breton. Thèse*. Bordeaux, 1889, in-8.

173. — *Guide pratique à l'usage des Agents des Postes des Bureaux ambulants, par O. Delahaye, Chef de Brigade des Bureaux ambulants à la ligne du Nord.* Paris, imprimerie typog. et lithog. C. Lévy, 194, rue Lafayette, 1889, pet. in-8.

174. — *Du secret des lettres, par Eugène Hanssens.* Bruxelles, Bruylant, éditeur, 1890, in-8.

175. — *Nomenclature des boulevards, passages, rues, etc., de la ville de Paris, avec l'indication des bureaux de poste auxquels ils sont rattachés.* S. l. (Paris), 1890, in-8.

Publication officielle.

176. — *Relations avec les pays d'outremer. 1re partie : Liste, par régions, des paquebots-poste ou services réguliers français et étrangers, utilisés pour l'acheminement des correspondances. 2me partie : Nomenclature, par ordre alphabétique, des ports coloniaux et étrangers desservis, avec indication des ports d'embarquement et de débarquement des dépêches, de la voie à indiquer sur l'adresse, des jours de départ et d'arrivée des*

courriers, du temps moyen employé pour le trajet, etc. S. l. (Paris), année 1890, in-4.

Publication officielle annuelle.

177. — *Nouveau Memento postal, par Ad. Sarcos, Receveur principal des Postes et des Télégraphes. Deuxième édition. Publication annuelle.* Imprimerie Oberthur, Rennes-Paris, 1890, in-8.

178. — *Le secret et la propriété de la correspondance, par Chauvet. Thèse.* Grenoble, imprimerie E. Vallier et Cie, 1891, gr. in-8.

De la propriété de la correspondance dans les rapports entre expéditeur et destinataire; de l'usage et production en justice des lettres missives; de la preuve par lettre de la formation des contrats et engagements; des droits du mari, tuteur ou personne ayant autorité légale, sur la correspondance de la femme, du mineur ou de l'incapable.

179. — *Traité de Législation et d'Exploitation postales, par Paul Jaccottey, Professeur-adjoint à l'Ecole professionnelle supérieure des Postes et des Télégraphes.* Paris, Paul Dupont, 1891, gr. in-8.

Dans ce substantiel et savant ouvrage, qui est un exposé complet des connaissances postales françaises, M. Jaccottey étudie, en rappelant les débats parlementaires qui les ont précédées, les diverses lois et dispositions administratives qui ont conduit à donner à l'organisme postal sa forme actuelle.

Trois tables des matières, très amples et très bien faites, table analytique, table alphabétique, table chronologique des lois, décrets, etc., rendent les recherches extrêmement faciles, en ce gros volume de plus de 1000 pages, dans lequel l'auteur a réuni les leçons qu'il a professées à l'Ecole supérieure des Postes et des Télégraphes.

180. — *Le Repos hebdomadaire et le personnel des Postes et des Télégraphes. Rapport sommaire présenté par G.-F. Chambers, avocat, au congrès international du repos hebdomadaire, tenu à l'Exposition de Paris du 24 au 27 septembre 1889.* Paris, Guillaumin et Cie, Fisbacher et Cie, et Genève, 1891, in-8 de 60 p.

181. — *Manuel postal international à l'usage des bureaux ambulants et des bureaux sédentaires d'échange, par E. Caulet, Chef de Brigade des Bureaux ambulants de la ligne du Nord.* Paris, Imprimerie industrielle et artistique, rue des Martyrs, 13-17, 1894, in-8.

Recueil des opérations postales effectuées spécialement par les bureaux ambulants et les bureaux d'échange.

182. — *Vocabulaire postal et télégraphique Anglais-Français et Français-Anglais, contenant les termes en usage dans les services de*

l'exploitation des Postes et des Télégraphes, par Albert Travers, Directeur des Postes et des Télégraphes. Typographie Oberthur, Rennes-Paris, 1894, in-16.

183. — *Cours élémentaire de Poste et de Télégraphie, Rédigé conformément aux programmes d'admission aux examens du surnumérariat (emplois des commis) et aux emplois de dames (dames employées et Receveuses de début), par MM. Louis Naud, Emm. Roux et A. Faure, Rédacteurs au Sous-Secrétariat des Postes et des Télégraphes.* Paris, Bureaux du Courrier des examens, boulevard Montparnasse, 23, 1894, in-8.

Le *Courrier des Examens des Postes, des Télégraphes et des Téléphones*, sous la direction de MM. Naud et Rollin, a édité, de 1889 à ce jour, une série d'ouvrages spéciaux à l'usage des candidats à tous les emplois de l'Administration des Postes et des Télégraphes : *Guide des candidats à l'Ecole supérieure: Guide des candidats rédacteurs; Guide des candidats surnuméraires; Guide des candidates dames employées ; Guide des facteurs-receveurs ; Traité de rédaction ; Précis de géographie moderne, postale et télégraphique*, etc., etc.

184. — *Du Secret des Lettres missives, de leur propriété, de leur production en justice, par Albert Legris, Procureur de la République à Corbeil. Deuxième édition, revue, complétée et mise au courant de la Jurisprudence la plus récente.* Paris, librairie Marescq aîné, Chevalier-Marescq et Cie, éditeurs, 20, rue Soufflot, 1894, in-8.

« La correspondance épistolaire est un des plus précieux instruments des rapports sociaux. Les lettres ne traduisent-elles pas nos intimes pensées ? Ne transportent-elles point l'expression de nos joies et de nos peines, de nos espérances et de nos regrets ? Interprètes des confidences de la vie privée, elles jouent dans la vie civile un rôle aussi important. Elles aident puissamment aux négociations d'intérêt et constituent souvent un titre ou une preuve des conventions. Il ne faut donc pas s'étonner que la correspondance ait soulevé, dans toutes les branches de la science du droit, les problèmes les plus délicats et qu'elle provoque chaque jour d'intéressantes décisions de jurisprudence ».

Dans cet excellent travail, l'auteur expose les règles qui protègent la circulation des correspondances remises à la poste et les exceptions apportées au principe de l'inviolabilité du secret des lettres, il analyse ensuite les caractères du droit de propriété dont les lettres sont l'objet, et les modes auxquels est soumise leur production dans les débats judiciaires.

185. — *Recueil de Correspondances à l'usage des Directions des Postes et des Télégraphes, par J.-B. Bacheré, Sous-Inspecteur des Postes et des Télégraphes.* Rennes, Oberthur, 1894, in-8.

186. — *L'Inviolabilité du Secret des Lettres, par Raoul Péret, Docteur en droit, Avocat à la Cour d'appel.* Paris, L. Larose, éditeur, 22, rue Soufflot, 1895, in-8.

L'auteur indique en ces termes le but de son étude : « Un principe d'une haute moralité, l'inviolabilité du secret des lettres, qu'on peut considérer, depuis 1789, comme une règle de notre droit public, vient protéger l'échange constant des pensées humaines et assurer leur libre communication. C'est ce principe que nous nous proposons d'étudier, avec ses différentes sanctions, sa portée, ses conséquences et les exceptions qu'il comporte ».

Cette étude est précédée de l'historique du secret des lettres.

187. — *Traité de Comptabilité postale, télégraphique et téléphonique, par MM. Ad. Frault, Commis principal à l'Ad^{on} centrale des Postes et des Télégraphes, et Séguin, Inspecteur des Postes et des Télégraphes.* Adrien Frault, Auteur-Editeur, 14, rue Mouton-Duvernet, Paris, s. d. (1896), in-8.

188. — *Le Personnel des Postes et des Télégraphes. Recrutement. — Traitements. — Avancement. — Pensions. — Enseignement. — Télégraphie militaire, etc., par MM. G. Ribouthet et Ch. Verlière, Commis à l'Administration centrale des Postes et des Télégraphes.* Rennes, Typographie Oberthur, 1896, in-8.

189. — *De la Protection des Pigeons voyageurs, par M. Pol Brouchot.* Paris, Rousseau, 1896, in-8.

190. — *Le Pigeon voyageur est-il un Animal domestique ou un Gibier ? Plaidoirie prononcée le 8 décembre 1896 devant les Chambres réunies de la Cour de cassation, par Me André Morillot, avocat au Conseil d'Etat et à la Cour de cassation. Extrait du* Droit *des 14-15 décembre 1896 et de la* Gazette des Tribunaux *du 16 décembre 1896.* Paris, Imprimerie de la Cour d'appel, L. Maretheux, Directeur, 1, rue Cassette, 1896, in-8.

Très spirituelle plaidoirie tendant à attribuer au pigeon voyageur la qualité d'animal domestique.

191. — *Recueil de Correspondances administratives à l'usage des Recettes des Postes et des Télégraphes, par Lucien Maury, Rédacteur à la Direction des Postes et des Télégraphes du département du Gard.* Nîmes, 1898, in-8.

Ce recueil, composé avec talent, contient plus de deux cents lettres ou rapports sur les différentes parties du service. De nombreuses notes placées en renvois, complètent utilement les correspondances données en exemples.

192. — *Manuel du service technique des Postes, Télégraphes et Téléphones, à l'usage du personnel chargé de ce service dans les départements*

(*Inspecteurs*, *Rédacteurs*, *Mécaniciens*, *Chefs-Surveillants*), *par Léon Baradel*, *Inspecteurs des Postes et des Télégraphes*. Rennes, Imprimerie Oberthur, 1898, in-4.

193. — *La Poste*, *Le Télégraphe et le Téléphone. Exploitation postale, par Émile Mazoyer*, *Exploitation télégraphique et téléphonique, par Albert Faure*, *Appareils télégraphiques et téléphoniques*, *par Louis Naud*, *Rédacteurs au Sous-Secrétariat des Postes et des Télégraphes*. Bureaux du Courrier des examens des Postes, des Télégraphes et des Téléphones, Louis Naud, Directeur, 3, rue d'Alençon, Paris, 1898, in-8.

Excellent manuel embrassant l'ensemble des connaissances nécessaires aux fonctionnaires de l'Administration postale et télégraphique ; guide précieux pour ceux-ci et intéressant pour le public, qui peut y trouver les renseignements dont il a besoin sur les services qu'il utilise journellement.

194. — *L'exploitation postale. Guide sur le service courant du Départ*, *de l'Arrivée et du Guichet*, *précédé d'un Memento des Tarifs*, *à l'usage des Aides*, *des Surnuméraires et des Agents*, *par G. Bastié*, *Rédacteur des Postes et Télégraphes à la Direction de la Haute-Garonne*. Toulouse, impr. M. Cléder, s. d., petit in-8.

195. — *Guide pratique à l'usage des sous-agents des postes et des télégraphes*, *par X. Féret-Dulonglois*, *Rédacteur des Postes et Télégraphes*. Caen, 1898, in-8.

196. — *Carnet de l'agent des Postes*, *des Télégraphes et des Téléphones*, *par M. L. Gamard*. Nancy, Berger-Levrault et Cie, 1898, in-12.

Publication annuelle.

197. — *Traité des infractions postales. Commentaire des lois spéciales et des textes du Code pénal se rattachant aux crimes*, *délits et contraventions en matière de poste*, *par Gabriel Hayes*, *Docteur en droit*, *Rédacteur à l'Administration centrale des Postes et des Télégraphes*. Berger-Levrault et Cie, Libraires-Éditeurs, Paris et Nancy, 1899, gr. in-8.

M. G. Hayes étudie, dans cet ouvrage, « les nombreux textes (lois, décrets et arrêtés), qui forment aujourd'hui une sorte de droit pénal postal, ainsi que la jurisprudence qui les a appliqués et interprétés ».

Le volume, qui s'ouvre par une Introduction contenant des notions historiques sur la poste, est divisé en deux parties. La première partie traite des *contraventions* : atteintes au monopole postal, abus de franchise, tarifs, valeurs prohibées. La seconde partie a pour objet les *délits* et les *crimes* : fausses déclarations de valeurs, timbres-poste et bons de poste contrefaits, altérés, etc.

198. — *Ministère du Commerce, de l'Industrie, des Postes et Télégraphes, Sous-Secrétariat des Postes et Télégraphes. Instruction générale sur le service des Postes et des Télégraphes.* Paris, Imprimerie nationale, M. DCCC. XCIX., 3 vol. gr. in-8.

Après la fusion des Postes et des Télégraphes et l'adjonction de plusieurs services à la poste, la refonte de l'Instruction générale était devenue nécessaire. Ce travail, qui s'est fait attendre plus de vingt ans, vient enfin d'être livré aux agents. La nouvelle Instruction est divisée en sept parties : organisation ; matériel ; correspondance postale ; services accessoires à la poste ; correspondance télégraphique ; correspondance téléphonique ; caisse et comptabilité.

199. — *Relations entre Paris et les principales villes d'Europe. Première partie : Expédition et réception des courriers. Deuxième partie : Derniers délais pour la remise des correspondances à la poste à Paris.* S. l. (Paris), 1889, 1900, in-fol.

Publication officielle.

200. — *Le Monopole postal, par Léon Cazes, docteur en droit.* Paris, Giard et Brière, Libraires-Editeurs, 16, rue Soufflot, 1900, in-8.

Les attributions de la poste. — Le Monopole postal. — Histoire du Monopole postal. — Antiquité : les postes chez les Perses, les Egyptiens, les Grecs ; les postes romaines. — Les postes en France avant Louis XI. — Les postes en France de Louis XI à Richelieu. — La poste française depuis Richelieu. — Législation du monopole postal en France. Le monopole postal dans les pays étrangers.

201. — *De la Correspondance postale et télégraphique dans les Relations internationales, par Louis Rolland, docteur en droit.* Paris, A. Pédone, Editeur-Libraire de la Cour d'Appel et de l'Ordre des avocats, 13, rue Soufflot, 1901, gr. in-8.

La première partie de cet ouvrage contient une remarquable étude historique sur le développement du service de transport de la correspondance internationale. Après un rapide coup d'œil sur les Postes dans l'antiquité et sur la période troublée qui suivit les invasions barbares, l'auteur décrit l'organisation au moyen-âge des services privés pour le transport des correspondances : services établis pour faciliter les relations d'ordre religieux, messagers des couvents, des abbayes ; services établis pour faciliter les relations d'ordre scientifique, messagers des universités ; services pour faciliter les relations d'ordre commercial, messager des villes et des corporations de métiers. Dès le XVe siècle, les services d'Etats se forment ; ils absorbent bientôt les services privés. Le siècle suivant voit s'établir les Postes des Taxis qui, rayonnant dans une partie de l'Europe, apparaissent comme une ébauche, un essai de service public. Dans la première moitié du XIXe siècle, les traités, les conventions internationales se multiplient. C'est ensuite la réforme de Rowland Hill, dont les conséquences pour le développement des correspondances sont immenses. L'auteur, arrivant au traité de Berne de 1874, examine les tentatives qui l'ont précédé, la constitution même du traité, ainsi que les modifications qu'y ont apportées les conférences qui l'ont suivi.

Le service télégraphique est, comme le service postal, l'objet d'une intéressante étude, qui termine la première partie du volume.

La seconde partie est consacrée à l'examen des règles de droit international concernant la réglementation et le fonctionnement de la correspondance.

202. — *L'Agent des Postes et le Public, Guide conseiller du préposé au Guichet, par Henri Odde, commis à Marseille.* Mâcon, Protat frères, 1902, petit in-8.

202 bis. — *1871-1902. Les Agents des Postes et le Parlement républicain, par Albert Delmas.* Paris, librairie de Charles Noblet, 13, rue Cujas, 1902, in-8.

Cet ouvrage présente, résumés et commentés, les actes, débats et faits généraux, administratifs et parlementaires, qui permirent au personnel postal de parvenir à sa situation présente au double point de vue pécuniaire et moral.

203. — *Le Secret des lettres, leur propriété, leur publication, leur production en justice, par Albert Paris, Docteur en droit.* Lille, Imprimerie-Librairie Camille Robbe, éditeur, 1903, in-8.

Divisions de l'ouvrage : Considérations générales, la Poste en Asie, en Grèce, à Rome, dans l'ancienne France ; la Poste moderne; de la correspondance à Rome ; historique de l'inviolabilité. Droit français moderne.

203 bis. — *Bureaux ambulants des Postes, Guide pratique de l'Ambulant, par V. Veillet-Deslandelles, Chef de Brigade à la ligne de l'Ouest.* Rennes, Imprimerie Oberthur, 1905, in-8.

Organisation et exécution du service. Relations internationales.

203 ter. — *Les Bureaux de postes ambulants français. Notice à l'usage des candidats et candidates aux examens des Postes et Télégraphes.* Rennes, Imprimerie Oberthur, in-4.

Cette notice comprend huit cartes très claires et de nombreux renseignements sur le service des bureaux de postes ambulants français.

204. — *Itinéraire de l'Empire français, comprenant la Hollande, une partie de l'Allemagne, l'Italie et les provinces Illyriennes. Orné d'une grande carte routière. Guide indispensable aux voyageurs, étrangers, curieux et négocians.* Paris, H. Langlois, 1811, 3 vol. in-12.

205. — *Itinéraire du royaume de France, divisé en cinq régions. Seconde édition, revue, corrigée, et considérablement augmentée. Contenant: 1° La* Manière de voyager *dans les Départements, la liste des Diligences, Voitures publiques, les jours et heures de leur départ et arrivée..... 2° La* Topographie *détaillée de toutes les* Routes de Poste, *avec leurs communications et embranchemens, qui indique tous les* Relais *avec leurs distances en lieues..... 3° La* Description *des pays..... Orné d'une carte routière. Guide indispensable aux Voyageurs, Etrangers, Curieux et Négocians.* Paris, chez Hyacinthe Langlois, Libraire-Géographe. M.DCCC.XVI, fort vol. in-12.

A signaler quelques inexactitudes, comme dans tous les ouvrages composés par des voyageurs en chambre.

Autre édition : Paris, 1835, 2 vol. in-8.

206. — *Description routière et géographique de l'Empire français divisé en quatre régions. Par R. V***, Inspecteur des Postes-Relais.* Paris, Potey, libraire, rue du Bac, 46, 1813. 6 vol. in-8.

Les 6 volumes comprennent le sud-est de la France et l'Italie.

Outre une description exacte et détaillée des pays, faite par un fonctionnaire occupé par état à parcourir la France, cet ouvrage donne tous les renseignements qui peuvent intéresser les voyageurs, tels que l'indication des courriers et des voitures publiques, les noms des relais et leurs distances. Chaque route est accompagnée d'une belle carte gravée.

Le succès qu'il obtint détermina l'auteur à le continuer sous le titre suivant:

Itinéraire descriptif, ou Description routière, géographique, historique et pittoresque de la France et de l'Italie. Par Vaysse de Villiers, Inspecteur des Postes. Paris, Potey, Arthus-Bertrand, J. Renouard, 1816-1839, 20 vol. in-8.

207. — *Tableaux itinéraires des distances de Paris aux Principales Villes de France et à Toutes les Capitales d'Europe. Contenant sous le même coup d'œil et sous une forme aussi simple que facile à saisir, toutes les Routes principales ou secondaires, directes ou indirectes..... Ouvrage également utile aux Voyageurs, aux Négociants, aux Géographes, et pour lequel on a compulsé tous les Livres de Poste, les Itinéraires, les meilleures Cartes, et recueilli les Documents les plus exacts.* A Paris, chez Pélicier, Libraire, Palais-Royal, Martinet, Lib^re^, etc. Gravé par E. Collin, en 1821, in-8.

Une carte d'assemblage, et quinze tableaux itinéraires des routes.

208. — *Itinéraire général des Postes et relais, à l'usage des personnes qui voyagent sur le Continent européen, comprenant la France, les Pays-Bas, l'Allemagne..... ; précédé de l'extrait des règlements des postes des princi-*

paux Etats de l'Europe, suivi des routes principales de la Suisse. Bruxelles, De Mat, Imprimeur-Libraire, Berthot, libraire, et chez les principaux libraires et Maîtres de poste de l'Europe, 1824, in-8.

209. — *Nouvel Itinéraire portatif de France, renfermant les Routes de poste, la Statistique, l'Histoire, les Curiosités et le Commerce des villes, avec l'indication des Hôtels et Cafés renommés ; une Notice sur la France, Paris et ses environs ; des Instructions utiles aux voyageurs ; un Tableau complet des services de malles-postes, diligences, foires, terminé par une Table alphabétique des routes, relais de poste et lieux cités dans l'ouvrage ; augmenté de* Tous les Bureaux de Postes aux Lettres, *orné de cinq panoramas des villes principales et d'une carte routière. Par de Simencourt. Deuxième édition. Vade mecum indispensable.* Paris, H. Langlois fils et Cie, Géographes, rue d'Anjou-Dauphine, n° 13, 1828, in-12.

Orné d'une curieuse couverture illustrée : le recto représente le départ d'une diligence ; le verso une carte gastronomique de France entourée d'attributs gastronomiques ; sur le dos, se voit la colonne Vendôme.

Guide bien fait.

210. — *Atlas des Routes de France, ou guide du voyageur dans toutes les parties du royaume, par Perrot.* Paris, 1828, in-8.

211. — *Tableau du service des Postes, contenant : les dispositions des lois, ordonnances et règlemens qui concernent le transport et la taxe des lettres, des chargemens, des livres brochés et feuilles imprimées, des journaux et ouvrages périodiques, tant pour la France que pour les colonies et l'étranger ; des instructions sur le service des franchises et contre-seings, des déboursés, des rebuts et des articles d'argent ; le tableau complet du service de Paris et de sa banlieue, un précis des règlemens.... recueillis, arrangés et publiés pour l'usage du public, par M. Molloy, chef de route de la division du départ de la Direction Générale des Postes.* Paris, chez l'auteur, et chez Pélicier et Chuchet, libraires, place du Palais-Royal, n° 243, 1829, in-8.

Cet excellent ouvrage, publié au moment où le nouveau tarif établi par la loi du 15 mars 1827 venait d'entrer en vigueur, contient une intéressante notice sur les tarifs antérieurs à 1827, tarifs de 1627, 1676, 1702, 1759. Dans l'avant-propos est annoncée l'exécution de la grande mesure qui, l'année suivante, va doter toutes les communes de France d'un service de distribution. Suivent, méthodiquement classés et clairement exposés, les renseignements au public sur les différentes branches du service des Postes.

212. — *Guide classique du voyageur en France, en Belgique et en Hollande ; précédé d'un itinéraire complet de Paris. Par Richard, Ingénieur-Géographe. Ouvrage contenant : 1° Un aperçu sur la France ; 2° le tableau comparatif des monnaies ; 3° le tableau des routes, des relais, des*

communications; 4° les règlements et les ordonnances nouvelles sur les postes; 5° le tableau du service des malles-postes, etc., etc. Quinzième édition. Paris, Audin, Quai des Augustins, n° 25; Lecointe et Pougin, Vve Béchet, Corbet, même quai, 1832-1833, in-12.

Couverture ornée, au recto, au verso et au dos, de vues de monuments, de curiosités naturelles, de costumes.

M. Richard a publié plusieurs autres guides, notamment le *Guide classique du voyageur en Europe*, en 2 vol. in-12 et un atlas. Les guides Richard, en progrès sur les ouvrages similaires précédents, ont joui pendant une vingtaine d'années d'un succès mérité.

213. — *Annuaire des Postes, ou Manuel du service de la Poste aux lettres et aux chevaux, à l'usage du public, et particulièrement des commerçans et des voyageurs en malle-poste; contenant: 1° un Abrégé des Règlemens du service des Postes, en ce qui concerne le public; 2° un Etat de toutes les Villes étrangères pour lesquelles l'Affranchissement est facultatif ou obligatoire, avec la Taxe due et les Jours de départ de Paris; 3° une Nomenclature de tous les Etablissemens de poste en France, avec la Taxe des lettres, les Heures d'Arrivée et de Départ dans chaque ville de France, et le Temps employé pour la marche des lettres; 4° le Tableau détaillé du service de la distribution des lettres dans Paris et dans sa Banlieue... etc., etc. Publié par ordre de l'Administration.* Paris, à l'Hôtel des Postes, rue J.-J. Rousseau, et chez les principaux libraires, 1833, in-8.

L'*Annuaire des Postes* a remplacé le *Petit Livre de Poste* qui paraissait chaque année, et dont la publication a cessé en 1831. Le plan de l'annuaire est établi sur des bases plus larges, et contient l'ensemble des renseignements sur le service des postes dont la connaissance peut intéresser le public.

On remarque, dans l'annuaire de 1833, une note sur l'emploi des timbres (marques postales) apposés sur les lettres, avec leurs noms et leurs figures.

En 1841, l'annuaire prend le titre suivant :

Annuaire des Postes pour 1841, ou Manuel du service de la Poste aux lettres, à l'usage du commerce et des voyageurs, orné d'une carte indiquant l'Itinéraire des Malles-Postes, par C. Viard, Chef de bureau à l'Administration des Postes.

M. Viard a rédigé l'annuaire de 1841 à 1848. De 1849 à 1874, la publication de cet ouvrage a été confiée à M. Sagansan, géographe de l'Administration des Postes.

Sous l'Empire, le titre devient :

Annuaire des Postes de l'Empire français, ou Manuel du service de la Poste aux lettres, à l'usage des commerçants, des hommes d'affaires, etc.

La République, à son tour, modifie le titre à partir de 1872.

En 1874, M. Coutéry succède à M. Sagansan dans la rédaction de l'annuaire, qu'il a continuée pendant plusieurs années :

Annuaire des Postes de France, pour 1877. Manuel à l'usage du Commerce, de la Finance et de l'Industrie. Paris, à l'Hôtel des Postes, et chez l'auteur, H. Coutéry, 13, rue Monthyon.

Après la fusion des Postes et des Télégraphes, le mot *Télégraphes* est ajouté au titre (1879). A partir de l'année 1880, l'annuaire est imprimé par la maison Paul Dupont, qui en publie deux éditions : l'une pour le personnel des postes, l'autre pour le public.

Voici le titre, en 1899 :

Annuaire de l'Administration des Postes et des Télégraphes de France pour 1899. Manuel à l'usage du personnel des Postes, des Télégraphes et des Téléphones. Prix 3 fr. 50. En vente à Paris, à l'Hôtel des Postes, rue du Louvre ; à l'Administration des Postes et Télégraphes, 99 et 103, rue de Grenelle ; à la Librairie administrative Paul Dupont, 4, rue du Bouloi. Départements : s'adresser aux Receveurs des Postes et des Télégraphes. Paris, Imprimerie Paul Dupont, 4, rue du Bouloi, fort vol. in-8.

214. — *Annuaire des Messageries royales et des Messageries de MM. Laffitte, Caillard et Cie*. Paris, au bureau de l'annuaire, Hôtel d'Aligre, rue St-Honoré, n° 123, et rue de Bailleul, n° 10, chez les Concierges des messageries, et dans les départements, chez les Dteurs des Messageries, 1834, in-12.

Donne un itinéraire détaillé des routes de France avec les distances de toutes les localités entre elles.

215. — *Tableau de toutes les Routes de Poste de l'Europe, composé par Charles Lro Olivièri, courrier du commerce en 1836*. S. l. ni nom d'imprimeur.

Tableau de format double colombier plié in-8, donnant les noms des villes traversées par toutes les routes, ainsi que le Tarif général des Postes pour tous les points de l'Europe.

Indicateur d'une forme bizarre et peu pratique.

216. — *Nouvel itinéraire portatif des principales routes de France, indiquant les villes, bourgs et villages ; ..... les relais de poste et leur distance entre eux ; les chemins de fer, etc.* Paris, 1840, in-12.

Routier disposé d'une façon inusitée : 43 planches contenant chacune 5 itinéraires, sur la même page, ce qui a permis le petit format du volume. A la fin, une grande carte générale de la France routière, dessinée par Charle.

217. — *Guide pittoresque portatif et complet du voyageur en France,*

contenant l'indication des Postes et la description des villes, bourgs, villages, châteaux, et généralement de tous les lieux remarquables qui se trouvent tant sur les grandes routes de poste qu'à droite et à gauche de chaque route; orné d'une belle Carte routière et de vingt Gravures en taille-douce; par les auteurs du Guide pittoresque en 6 volumes in-8. Paris, Imprimerie de Firmin-Didot frères, Imprimeurs de l'Institut, rue Jacob, 56, 1840, in-8.

Volume d'une impression remarquable comme tout ce qui sort des presses de MM. Firmin-Didot.

Résumé du *Guide pittoresque en France* en six volumes publié en 1838. Nous n'avons pas compris dans notre nomenclature le Guide en six volumes, parce qu'il ne présente pas le caractère d'itinéraire postal que les éditeurs ont donné au Guide portatif en y insérant un extrait de l'Instruction sur le service des Postes. Par l'exactitude et l'abondance des renseignements historiques et descriptifs, aussi bien que par l'illustration, ce guide offre une supériorité marquée sur les autres ouvrages de ce genre publiés à la même époque.

218. — *Programmes-itinéraires des Routes de France, dressés pour le service des Messageries royales de France.* Paris, chez l'éditeur, 1835-1841, 24 parties en un vol. in-4.

Chacun de ces vingt-quatre programmes-itinéraires comprend une carte lithog. en couleur et quatre pages de texte à deux colonnes contenant: 1° l'itinéraire par villes, villages, bourgs et relais; 2° des détails historiques, statistiques, etc.; 3° l'indication des hôtels où s'arrêtent et descendent les diligences; 4° et tous les renseignements qui peuvent intéresser les voyageurs.

219. — *Almanach des Postes, Chemins de fer, Bateaux à vapeur et Messageries; suivi de l'itinéraire des omnibus de Paris; Guide général des Voyageurs et du Commerce en France et à l'Etranger, Publié sous la direction de M. P. Clément, employé à l'Administration des Postes. Année 1841.* Paris, Auguste Desrez, éditeur de l'Almanach de France, rue Neuve-des-Petits-Champs, 50, M.DCCC.XLI, in-18.

Cet almanach contient une histoire sommaire de l'établissement et du perfectionnement des postes et relais en France, une instruction sur le service des postes, les parcours des malles-postes. Il donne l'itinéraire des lignes de chemin de fer construites en 1841. Publié de 1841 à 1847.

220. — *Guide pittoresque, portatif et complet du voyageur en France, contenant les relais de poste dont la distance a été convertie en kilomètres, et la description des villes, bourgs, villages, châteaux, etc., par Girault de Saint-Fargeau.* Paris, 1842, in-12.

Nous terminons la description des itinéraires postaux au moment où la vapeur transforme les conditions de transport des voyageurs et des marchandises. Les locomotives remplacent peu à peu les diligences et les malles-postes ; les voyages, plus faciles et moins onéreux, deviennent plus nombreux ; les guides vont se ressentir de cette transformation : dépouillés de l'aridité des nomenclatures de relais, ils prendront une forme plus littéraire, plus scientifique et plus instructive ; mais ils n'appartiendront plus à notre sujet.

221. — *Le Facteur parisien, Indicateur synoptique pour chaque Rue ancienne ou nouvelle, Places, Carrefours, Passages, Galeries, Impasses, Quais, Ponts, Boulevards, etc., leurs derniers numéros pairs et impairs, leurs quartiers de police et paroisse pour chacun d'eux, et de plus les bureaux de poste pour chaque Rue, etc., de Paris; Ministères, entrées aux Musées, aux Bibliothèques ; itinéraire des voitures à trente centimes ; tarif des voitures de place, des chemins de fer ; tableau du service de la poste aux lettres ; tableau du prix des places aux principaux théâtres ; calendrier pour l'année 1843*. Paris, s'adresser chez l'Éditeur, carrefour de l'Odéon, 12, ou à ses collègues facteurs, à la poste, et chez tous les libraires et marchands de nouveautés, 1843, in-12.

222. — *Almanach des Postes*. — *Almanach des Postes et Télégraphes* (après la fusion de ces deux services).

Tout le monde connaît l'Almanach des Postes ou *Étrennes du facteur*, distribué annuellement par les facteurs des postes à leurs clients.

Nous empruntons l'historique de cette publication au remarquable ouvrage de M. Belloc : *Les Postes françaises*.

« Ce fut une décision de M. Stourm, en date du 17 octobre 1855, qui autorisa les facteurs à distribuer, à l'occasion du renouvellement de l'année, l'Almanach des Postes.

» Cette publication, modeste autant qu'utile, a aussi son histoire.

» Avant la Révolution, chaque généralité de province avait son annuaire complété par l'indicateur des départs des courriers et par le tableau du service général des diligences et messageries royales.

» Plus tard, les facteurs des postes prirent l'habitude de distribuer au public, au moment du renouvellement de l'année, des calendriers contenant l'indication des mois, des jours et quelques notions astronomiques. Par une circulaire du 15 novembre 1849, M. Thayer autorisa les facteurs à continuer la distribution de ces calendriers à leur profit et pour leur compte, *conformément à un usage depuis longtemps établi* [1], mais sous la réserve

---

1. Dans son ouvrage *Vieux papiers, vieilles images*, M. Grand-Carteret reproduit l'*Almanach des facteurs* pour l'année 1818, avec cette note : « Le personnel postal avait tenu à publier un almanach

que lesdits calendriers ne contiendraient pas d'autres renseignements que ceux spécifiés ci-dessus.

» Or, ces renseignements n'étaient pas de nature à satisfaire entièrement le public, et l'administration comprit qu'elle était elle-même intéressée à ajouter au calendrier non seulement les notions générales et officielles sur le service des postes, mais encore les indications particulières que les chefs de service jugeraient de nature à intéresser telle ou telle localité. Tel fut l'objet de la décision du 17 août 1855.

» Par la même décision, le titre d'*Almanach des postes* fut substitué à celui de *Calendrier*, mais les inspecteurs départementaux furent invités à tenir la main à ce que les notions générales fournies par l'Administration fussent reproduites textuellement.

» C'est à partir de ce moment que l'Almanach des postes fut considéré comme étant un document de service.

» Deux ans après, le petit almanach était en pleine prospérité : il était partout, à la ville comme au hameau, accomplissant peu à peu son œuvre de vulgarisation.

» Un inspecteur des postes, celui de la Charente, eut l'idée d'ajouter à l'almanach quelques renseignements particuliers au département, tels que l'indication des bureaux de poste et le nom des communes rattachées à chacun d'eux. Plus tard, on y joignit encore le tableau des foires et marchés, la marche des courriers, le nombre et les heures de distribution, etc.

» L'effet de ces améliorations ne se fit pas longtemps attendre et nos modestes facteurs y trouvèrent leur profit, surtout à partir de l'année 1858. Le nombre total des exemplaires distribués pour toute la France s'élevait, dès 1863, à 1.787.019.

» Le privilège de la publication de l'Almanach, précédemment concédé à M. Mary Dupuis, en 1859, et à M. Oberthur, en 1860, a été supprimé par deux décisions du 28 octobre et 14 décembre 1867, et depuis l'année 1870, tout éditeur peut, à ses risques et périls, publier cet almanach, en se conformant aux prescriptions réglementaires et, notamment, en soumettant une épreuve type à l'approbation du directeur départemental. »

223. — *Almanach des Postes, Agenda de tout le monde avec calendrier pour 1863. Affranchissements, chargements, valeurs déclarées, valeurs cotées, envois d'argent, réclamations, tarifs pour l'étranger.* Paris, Collignon, libraire-éditeur, 31, rue Serpente. Faure, libraire, 166, rue de Rivoli, in-16.

Cet almanach était destiné à paraître le 1er janvier de chaque année.

---

portant son nom, lequel dura quelques années sans modifications dans la partie ornementale. On se contentait de changer le calendrier et la date de l'année. »

Il cite également le *Calendrier royal* pour 1827, donné par les Postes, et le *Calendrier des Postes* pour 1843, avec la légende : *Cadeau d'étrennes du Facteur*.

224. — *H. A. de Conty. Guide pratique des Postes et des Télégraphes. Troisième édition.* Paris, 1873, in-24.

Petit guide annuel qui obtint beaucoup de succès. La douzième édition a paru en 1882, sous le titre suivant :

225. — *Année 1882. Guides populaires Conty. Guide pratique des Postes et des Télégraphes, douzième édition.* International office des Guides Conty, 4, boulevard des Italiens, Paris, in-24.

Tiré à 60.000 exemplaires.

226. — *Vade-mecum postal, ou la Poste mise à la portée du public, contenant le tarif de tous les objets admis à circuler par la poste; des notions complètes sur le service des articles d'argent, des chargements, etc. Par MM. A. Frault et H. Betsellère, commis des Postes à la Recette principale d'Alger.* Alger, J. Molleval, libraire-éditeur, Paris, Challamel aîné, libraire-éditeur, 1875. Pet. in-8.

227. — *Indicateur des Postes pour l'année 1876.* Paris, E. Dentu, libraire-éditeur, Palais-Royal, 15-17-19, galerie d'Orléans, 1876, in-8.

Indicateur très bien fait, renfermant les notions sur le service des Postes utiles au public ; les tarifs et conditionnements des différents objets expédiés par la poste ; l'organisation du service de Paris; l'Union générale des Postes ; la nomenclature des pays d'Europe et d'outre-mer desservis par les paquebots, etc.

Cette publication s'est continuée pendant plusieurs années.

228. — *Manuel postal et télégraphique à l'usage du public, par A. Frault, Commis des Postes et Télégraphes.* Paris, 1879, in-12 [1].

229. — *Nouveau Guide des Postes et des Télégraphes (suivi du Guide de l'Etranger dans Paris), contenant : le Tarif complet de tous les objets admis à circuler par la Poste; le Tarif du Télégraphe ; des notions diverses sur les chargements ; les Articles d'argent et la Poste Restante ; des Renseignements généraux sur le service des Postes et des Télégraphes ; la nomenclature des Musées et Bibliothèques de la ville de Paris ; les adresses des grandes Administrations, Ministères, Ambassades, Banques, etc. ; l'itinéraire de tous les Omnibus, Tramways, Bateaux et Omnibus des chemins de fer ; le Tarif et le Règlement des Voitures publiques, le Calendrier pour l'année 1880 ; le Dictionnaire géographique des principales villes de l'Univers, etc., etc., par Paul Artigues, Employé du Ministère des Postes et des Télégraphes. Troisième année. Cinquième édition.* A Paris, chez l'Auteur, 178, avenue du Maine, et dans toutes les principales librairies

---

1. ISSANCHOU. *Livre d'or des Postes.*

et bureaux de poste de Paris et des départements. Paris, janvier 1880, pet. in-18.

Publication annuelle très utile par les multiples renseignements pratiques qu'elle contient. Cependant la disposition donnée aux nombreuses annonces disséminées dans le corps de l'ouvrage, rend les recherches difficiles.

Même reproche au Guide Conty cité plus haut.

En 1886, le Nouveau Guide des Postes et Télégraphes n'est plus suivi du Guide de l'Etranger. Les annonces, amélioration à signaler, sont placées à la fin du volume.

230. — *Guide postal et télégraphique à l'usage de la banque, etc., par A. Frault.* Paris, 1881, in-4° de 60 p.[1]

231. — *Nouveau Guide des Postes et Télégraphes à l'usage du commerce et de l'industrie, par L. Lacan, Commis à Bourges, et M. I. M. (Isidore Monnet).* Bourges, 1881, pet. in-8 [1].

232. — *Indicateur des Postes, des Télégraphes et du Commerce pour l'année 1883 (20e année), par J. Andron et A. Perro, brigadiers des postes à Bordeaux.* Bordeaux, 1883, in-4 de 32 p. [1]

233. — *Nouveau Guide pratique des Postes et des Télégraphes, suivi de la nomenclature de toutes les rues de Lyon avec les tenants et les aboutissants, à l'usage du public et de tous les commerçants. Par H. Villemet, brigadier des postes à la Direction du Rhône.* Lyon, 1884, in-8 [1].

234. — *Paris actuel, seul Guide comprenant : 1° l'indicateur des rues, avec les bureaux de poste ou les rayons qui les desservent ; 2° les rues appartenant à plusieurs quartiers ; 3° la concordance des noms anciens et des noms nouveaux ; 4° les divisions Administrative, Militaire et Politique (circonscriptions électorales). Par L. Pille.* Paris, Dépôt principal, 65, rue de Maubeuge, 1885, in-16.

235. — *Le Secrétaire des Postes et des Télégraphes à l'usage du public, contenant tous les tarifs postaux et télégraphiques, et des renseignements précis et détaillés sur les diverses branches des services des postes et des télégraphes, par MM. J. F. Henry et F. Héliez, commis des postes et télégraphes à Bergerac.* Bergerac, imp. Blenquie et Cie, 1885, in-8.

236. — *Almanach illustré des Postes et Télégraphes.* Paris, Bibliothèque européenne, 2bis, rue des Ecoles, 1885, in-16.

237. — *Almanach illustré des Postes et Télégraphes, 1889.* Paris, M. de Lugan, 1, boulevard Saint-Germain, in-16.

---

1. ISSANCHOU. *Livre d'or des Postes.*

Bien que ces deux petits almanachs s'adressent plus spécialement aux agents des postes qu'au public, ils n'en présentent pas moins d'intérêt pour celui-ci par la variété des matières traitées : améliorations postales (par M. Issanchou) ; biographies avec portraits ; la poste au Parlement ; revue postale de la presse, etc.

238. — *La Poste, le Télégraphe et le Téléphone, Notions usuelles à la portée de tous, par MM. Rolland, chef de bureau à l'Administration centrale des Postes et Télégraphes, et Maxime Mabyre, Commis à l'Administration centrale des Postes et Télégraphes, sous la direction de MM. Ansault, Administrateur des Postes et Télégraphes, et Jost, Inspecteur général de l'Instruction publique. Ouvrage orné de 141 gravures.* Paris, Librairie Firmin-Didot et Cie, éditeurs, 56, rue Jacob, s. d. (1891), pet. in-8.

Ouvrage destiné à vulgariser chez les enfants des écoles aussi bien que chez les grandes personnes, les notions postales et télégraphiques. De nombreuses gravures augmentent l'intérêt de ce petit livre, qui remplit parfaitement le but que se sont proposé les auteurs.

238bis. — *Guide postal, télégraphique et téléphonique pour la France et l'Étranger, publié avec l'autorisation de l'Administration des Postes et des Télégraphes. Édition d'août 1904.* Imprimerie Oberthur, à Rennes, pet. in-12.

Timbres-Poste.

Si l'idée première de l'affranchissement préalable des lettres au moyen d'une étiquette adhésive appartient à la France (de Velayer, 1653), l'Angleterre revendique à bon droit l'honneur d'avoir réalisé cette idée par la création du *timbre-poste*. En 1837, Rowland Hill, dans une brochure intitulée *Post Office reform, its importance and practicability*, exposait le projet de la grande réforme à laquelle il a attaché son nom, ainsi que le moyen pratique de l'exécuter. Ce moyen, c'était l'emploi du timbre-poste. On sait que la presse et le public accueillirent avec enthousiasme la proposition de Rowland Hill, qui fut adoptée le 20 décembre 1839, et mise en pratique le 6 mai 1840.

En France, la Restauration avait réalisé d'utiles progrès dans les Postes : augmentation du nombre des bureaux et des courriers, accélération des transports, organisation du service rural. Mais elle avait conservé un tarif excessif, plus élevé même que ceux du siècle précédent, qui présentait un obstacle sérieux à l'extension des correspondances. Cependant quelques économistes, Émile de Girardin, entre autres, se préoccupaient de la réforme, et suivaient avec intérêt les débats du Parlement anglais, qui produisaient un sérieux retentissement au dehors. L'administration française n'était pas indifférente à ce qui se passait de l'autre côté du détroit, et, dès 1838, l'un de ses hauts fonctionnaires, M. Piron, sous-directeur, étudiait la question dans l'ouvrage suivant :

239. — *Du Service des Postes, et de la Taxation des lettres au moyen d'un timbre*. Paris, Imprimerie de H. Fournier et Cie, rue de Seine, 14bis, M DCCC XXXVIII, in-8.

Dans cet ouvrage, M. Piron apprécie en ces termes la brochure de Rowland Hill : « Ce système de taxation au moyen d'un timbre sec vient d'être développé en 1837 par M. Rowland Hill avec un talent et une netteté remarquables. M. Hill propose l'adoption d'une taxe fixe et unique d'un penny (10^{c}) pour toute lettre circulant dans l'étendue de la Grande-Bretagne. Les aperçus les plus raisonnables, les calculs les mieux établis viennent à son aide lorsqu'il démontre que la recette générale ne doit pas en souffrir. » La réforme proposée par M. Piron est moins radicale que celle de M. Hill. Dans un premier projet, tout en conservant le principe de la taxe proportionnelle à la distance parcourue, il réduit considérablement les échelons de poids et de distance. Le second projet présente une réforme plus hardie et se rapproche du système anglais. Les lettres simples ne forment plus que deux catégories : les lettres de la ville pour la ville ou pour la circonscription d'un même bureau (taxées 1 déc.), et les lettres de bureau à bureau pour toute la France (taxées 2 déc.). Au projet est joint le modèle des timbres proposés, simples étiquettes rondes imprimées mentionnant le poids et la taxe, sans ornements. La contrefaçon de ces timbres eût été par trop aisée.

Les propositions de M. Piron sont précédées de considérations générales sur l'utilité de la réforme postale et ses conséquences économiques : extension considérable des correspondances ; développement du commerce et de l'industrie ; transport des correspondances mis à la portée de toutes les classes ; diminution de la fraude due en grande partie à l'élévation des taxes ; accroissement de la prospérité sociale et financière du pays.

La question de la réforme postale en France fut soulevée pour la première fois, devant la Chambre des députés, dans la séance du 24 juillet 1839. Renouvelée en 1841 et en 1845 sans succès, elle fut reprise par Glais-Bizoin en 1847, et résolue par le décret du 30 août 1848.

Citons à ce propos une série d'opuscules publiés par M. C. Grasset, ancien directeur des postes. Paris, chez l'auteur, rue du Four-Saint-Germain, 26, in-8.

240. — *Lettre aux Conseils généraux des départements.* 1839.

Abrégé de l'ouvrage intitulé : Du service des Postes et de la Taxation des lettres au moyen d'un timbre. 1839.

Très-humble représentation d'un entêté Bas-Breton à son Excellence M. Pelet de la Lozère, Ministre des Finances, apostillée par un exalté Marseillais. 1840.

Mémoire présenté au Conseil général de la Seine. 1840.

Lettre à son Excellence M. Humann, Ministre des Finances. 1840.

Lettre de l'entêté Bas-Breton à M. Conte, Directeur des Postes. 1841.

Dernières réflexions sur la discussion à la Chambre des députés, relative à la réduction des ports de lettres. 1841.

2e Lettre à son Excellence M. Humann, Ministre des Finances. 1842.

Comparaison du produit des ports de lettres et des imprimés, 1° Suivant le tarif établi par la loi du 15 mars 1827, 2° Suivant la nouvelle taxe proposée. 1842.

Encore quelques observations sur la réduction des ports de lettres et le droit de 5 pour 100. 1842.

Les Pétitionnaires, le Ministre et la Chambre des députés. 1844.

Un cri d'alarme sur l'esclavage de la pensée. 1844.

Réforme Postale. Le Tocsin sur les Postes. De la poste électrique, de la poste souterraine. Paris, Ébrard, libraire, passage des Panoramas, n° 61, 1845, in-8.

Depuis le moment où elle fut agitée jusqu'au jour où elle fut résolue, M. Grasset soutint vaillamment la cause de la réforme postale.

A côté de sa merveilleuse application à l'affranchissement des correspondances, dont les conséquences ont été immenses pour leur développement, le timbre-poste a eu la fortune d'intéresser, à un autre point de vue, une notable partie de l'humanité. Il est recherché comme objet de collection, et plusieurs centaines de mille d'amateurs se passionnent pour cette petite image comme pour des tableaux de maîtres.

Il existe une littérature philatélique [1], une presse philatélique représentée par de nombreux organes en France et à l'étranger.

Notre but est de faire connaître, dans cette bibliographie, les ouvrages français traitant de l'origine du timbre-poste, de sa fabrication, de l'historique de ses émissions. A ce titre seulement nous mentionnerons certains manuels du collectionneur qui fournissent des renseignements sur ces matières.

Nous ne nous attarderons pas à dresser la liste monotone des nombreux catalogues de timbres-poste parus depuis près d'un demi-siècle. Nous nou bornerons à citer la première production de ce genre.

241. — *Catalogue des Timbres-poste créés dans les divers États du Globe, dressé par Alfred Potiquet.* Paris, Librairie scientifique, industrielle, E. Lacroix, 15, quai Malaquais, 1861, in-12.

La deuxième édition suivit de près la première (mars 1862). Simultanément parurent les catalogues de J.-B. Moens à Bruxelles, Laplante et Valette à Paris.

242. — *J.-B. Moens. Manuel du Collectionneur de Timbres-poste, ou nomenclature générale de tous les timbres adoptés dans les divers pays de l'Univers. 2e édition, revue, corrigée, augmentée et précédée d'un aperçu sur l'origine du timbre-poste.* Bruxelles, 1862, in-12.

243. — *Notice historique sur le Timbre-Poste, et en particulier sur le timbre-poste français, par H. Boyer, receveur des postes à Marennes.* Rennes, Oberthur, 1864, in-12.

244. — *Essai sur les filigranes et les papiers employés à la fabrication des Timbres-postes, par le Dr Magnus (Dr Legrand). 2e édition, revue, corrigée et augmentée.* Paris, Pierre Mahé, bureau du journal *Le Timbrophile,* 18, rue des Canettes, 1867, papier vergé, in-12.

---

1. Le Dr Legrand avait proposé le mot *timbrologie* pour désigner la science des timbres. Il n'accepte pas l'expression *philatélie,* qui cependant a prévalu.

245. — *La Poste à un penny, par Arthur de Rothschild.* Bruxelles, Moens, 1872, in-18.

L'enquête ouverte par la Trésorerie anglaise au sujet de la réforme postale avait provoqué l'envoi d'un nombre considérable de projets. Dans son ouvrage, M. de Rothschild analyse notamment le mémoire présenté par M. Samuel Forestier, qui concluait également à l'abaissement uniforme du tarif à *un penny*, et qui proposait pour l'affranchissement des lettres une sorte de papier timbré.

246. — *Notice sur l'origine du prix uniforme de la taxe des lettres et sur la création des timbres-poste en Angleterre, par Arthur de Rothschild.* Paris, Librairie Nouvelle, 15, boulevard des Italiens, 1872, in-12.

Tiré à 600 exemplaires, 500 sur papier vergé, 50 sur papier Watmann, 50 sur papier de Chine.

Historique des conditions dans lesquelles la réforme postale s'est produite. Le principe de la réduction de la taxe adopté et ses conséquences admises, il fallait songer à simplifier l'affranchissement des correspondances pour en accélérer la transmission. L'examen des projets présentés, le choix des formules d'affranchissement, les questions d'exécution et d'application sont clairement exposés par l'auteur.

247. — *La Carte postale en divers pays, par L. Wolowski, député de la Seine, membre de l'Institut. Extrait du Journal des Économistes (numéro de janvier 1873).* Paris, librairie de Guillaumin et Cie, éditeurs, 14, rue de Richelieu, 1873, in-8 de 14 p.

Considérations générales sur l'utilité de la carte postale. Revue des pays qui font usage de cette formule. C'est sur la proposition de M. Wolowski que la carte postale fut introduite en France (20 décembre 1872).

248. — *Histoire de la Poste aux Lettres et du Timbre-Poste depuis leurs origines jusqu'à nos jours, par Arthur de Rothschild. Troisième édition. Tome deuxième.* Paris, Calmann Lévy, éditeur, ancienne maison Michel Lévy frères, rue Auber, 3, et boulevard des Italiens, 15, à la Librairie Nouvelle, 1876, 2 vol. in-12.

Ouvrage déjà cité dans la partie *Histoire.* A remarquer dans le tome deuxième, consacré à l'*Histoire du Timbre-poste,* les très intéressants chapitres intitulés *Invention de Rowland Hill, Adoption du Timbre-poste en France, Fabrication du Timbre-poste en France.*

249. — *Louis Leroy, ancien sous-chef de l'Administration centrale des Postes et Télégraphes, ancien Receveur principal du Rhône. Histoire du Timbre-poste français, avec 60 figures dans le texte.* Ch. Roussin, 9,

galerie d'Orléans (Palais-Royal), Paris; J.-B. Moens, 42, rue de Florence, Bruxelles, s. d. (1891), pet. in-8.

Livre plein d'humour, où l'anecdote spirituelle se mêle à l'érudition, que l'auteur n'a pas eu malheureusement la satisfaction de voir imprimé. Un de ses amis, M. Blondiot, s'est chargé de revoir le manuscrit et d'en diriger la publication.

Les chapitres qui traitent de l'origine du timbre-poste et de sa fabrication sont particulièrement intéressants.

250. — *Connaissances philatéliques. Petit manuel à l'usage des collectionneurs de timbres-poste, par Victor Flandrin.* Paris, Edmond Frémy, éditeur, bureau du journal l'*Écho de la Timbrologie*, 57, rue de Bourgogne, 1892, in-8 de 64 p.

251. — *Manuel de l'Amateur de Timbres, par le Dr A. Legrand.* Paris, librairie E. Bernard et Cie, imprimeurs-éditeurs, 53 ter, quai des Grands-Augustins, 1894, in-8.

L'ouvrage de M. le Dr Legrand, l'un de nos plus anciens et savants timbrologistes, fournit d'intéressants renseignements sur la définition du timbre, la fabrication, les couleurs, les papiers, les filigranes, etc.

252. — *Manuel du Collectionneur de Timbres, Timbres-Poste, Timbres Fiscaux, par Ris-Paquot.* Paris, librairie Renouard, Henri Laurens, éditeur, 6, rue de Tournon, s. d. (1894), in-18.

253. — *Les Réimpressions de timbres-poste, timbres-taxe, télégraphes, fiscaux, enveloppes et bandes, cartes, etc., et leurs caractères distinctifs, par F. Piet-Lataudrie, ouvrage précédé d'une préface sur les Réimpressions, par le Dr Legrand. Illustré de 220 gravures dans le texte.* Niort, imprimerie Favre, 1894, in-8 car. de 78 p.

254. — *Le Timbre-Poste Français. Étude historique et anecdotique de la Poste et du Timbre en France et dans les colonies françaises, par Georges Brunel. Illustré de nombreux fac-similés de timbres-poste et de plusieurs gravures et planches.* Paris, librairie de Ch. Delagrave, 15, rue Soufflot, 1896, gr. in-8.

Beau volume, impression soignée.

La première partie contient une histoire abrégée de la poste à travers les âges jusqu'à l'apparition du timbre-poste, dont l'auteur suit les transformations, intercalant, dans sa description, plusieurs chapitres sur les postes pendant la guerre de 1870-71.

255. — *Les Vignettes postales de la France et de ses colonies. Catalogue historique et raisonné de toutes les émissions métropolitaines*

et coloniales, depuis le 1er janvier 1849 jusqu'au 1er juillet 1897. Publié par F. Marconnet. Première édition. Nancy, imprimerie Louis Kreis, rue Saint-Georges, 51. 1897, in-8. *Atlas des Vignettes postales de la France et de ses colonies, publié par F. Marconnet. Première édition.* Nancy, clichés de la maison A. Barbier et P. Paulin, 4, quai Choiseul, s. d. (1897), in-8.

C'est, dit M. le Dr Legrand dans la Préface, « le guide le plus complet que l'on puisse rencontrer dans l'étude des timbres de la France, et ce sera en même temps l'une des œuvres qui feront le plus d'honneur à la littérature timbrologique française. »

256. — *Étude et Description des Signes de Contrôle sur les timbres de la France de 1849 à 1899 par le Dr Valois.* Cosne, Nièvre. Amiens, imp. Yvert et Tellier (1899), in-8 de 59 p.

De l'avis de plusieurs philatélistes, les opinions émises par le Dr Valois ne sont rien moins que risquées.

256 bis. — *Les Timbres-poste (les collectionneurs, collections, albums, falsifications), par B. de Béroville.* Bibliothèque d'ombres et lumières, 8, boulevard Magenta, Paris, 1900, in-8 de 32 p.

257. — *F. Doé. Les estampilles postales françaises.* Yvert et Tellier, 10, galerie du Commerce. Amiens, 1900, in-8.

L'étude des *estampilles postales* ou *marques postales*, ces ancêtres du timbre-poste, dont l'histoire est si intimement liée à celle de la poste, est de date récente. Etablir un guide, tenter un classement de ces marques si nombreuses et si variées, était une entreprise pleine de difficultés à une époque où le champ était à peine exploré. M. Doé n'a pas reculé devant cette tâche. Si son travail présente quelques lacunes, et il n'en pouvait être autrement, celles-ci seront facilement comblées dans une nouvelle édition.

Le *Catalogue descriptif illustré de toutes les marques postales de la France*, par M. Maury, le seul publié jusqu'à présent, complète l'œuvre de M. Doé.

257 bis. — *Catalogue descriptif illustré de toutes les marques postales, inscriptions, timbres à main, oblitérations, depuis leur origine jusqu'à nos jours, par Arthur Maury*, 6, boulevard Montmartre, Paris, s. d. (1898), in-8.

De même que nous avons signalé le premier catalogue de timbres-poste, nous mentionnons le premier catalogue de marques postales, travail de classification considérable qui fait honneur à son auteur.

Ce catalogue a été suivi d'une deuxième édition, en 1899, et d'un supplément en 1905.

258. — *Annuaire « Berry » de la carte postale illustrée et du timbre-*

poste. Intermédiaire international des Echangistes, des Amateurs, Collectionneurs, Editeurs et Marchands. 1904. Administration, 16, rue des Saints-Pères, Paris, in-8.

Nombreux renseignements : La Poste dans le Monde ; correspondances maritimes ; jurisprudence postale ; la fabrication des timbres ; bibliothèque philatélique ; presse philatélique, etc.

259. — Le journal le *Collectionneur de timbres-poste*, de M. Maury, publie, depuis janvier 1890, sous le titre *Les timbres-poste français*, une histoire des timbres-poste français très documentée. Les articles du journal, réunis et revus, devaient paraître en volume annoncé dans le numéro de janvier 1898, sous le titre suivant:

Les timbres-poste français, enveloppes, bandes, cartes, timbres-télégraphe, essais, marques postales et oblitérations, par Arthur Maury.

Il est regrettable que M. Maury n'ait pas encore donné suite à son projet.

Plusieurs journaux philatéliques, notamment la *Revue philatélique française*, organe de la *Société française de timbrologie*, ont donné de nombreuses études sur le timbre-poste.

Littérature postale.

Dans son *Dictionnaire philosophique*, Voltaire résume en ces quelques mots les fonctions de la poste : « La poste est le lien de toutes les affaires, de toutes les négociations ; les absents deviennent, par elle, présents, elle est la consolation de la vie ». Avec les progrès de la civilisation moderne, l'action de la poste s'est étendue : elle se révèle aujourd'hui dans toutes les manifestations de l'activité humaine. Par ses rapports incessants avec toutes les classes de la société, elle nous apparaît intimement liée à la vie publique et sous un jour véritablement populaire. Les poètes et les romanciers s'en sont inspirés ; le théâtre lui a emprunté des scènes dramatiques ou amusantes ; elle a été chantée et mise en musique : c'est ce côté pittoresque et curieux de la bibliographie postale que nous allons explorer. Nous avons, dans nos articles précédents, décrit les ouvrages consacrés à l'histoire, à la législation et à l'exploitation de cette grande institution. Sous le titre de *Littérature postale*, nous réunirons les ouvrages de toute nature qui se rattachent à la poste par un lien quelconque, quelque faible qu'il soit. C'est ainsi qu'il suffira parfois qu'un auteur ait donné un titre postal à son ouvrage, pour que celui-ci soit mentionné.

260. — *La Poste Royale du Paradis, contenant les merveilles que Dieu fit en estat d'innocence et les cruels et griefs tourmens que les Martyrs ont enduré à la conqueste du Ciel, très-utile à chacun* pour heureusement s'y rendre, *par Franc. Arnoulx, chanoine de l'église cathédrale de Riez-en-Provence*. Lyon, 1635, pet. in-12.

Le titre d'un ouvrage fait parfois son succès. Le bon chanoine de Riez n'aurait-il pas choisi l'enseigne de la poste pour attirer les lecteurs ?

261. — *Le Courrier desvalisé, publié par Ginifacio Spironcini et dédié à Lelio Talentoni, tiré de l'italien*. Villefranche (Hollande) 1644, pet. in-12.

Lettres sur différents sujets : Lettre d'une maquerelle qui demande d'être logée à Rome en quelque endroict advantageux pour sa profession ; Lettre contre les Nonnains, etc.

262. — *Le Mercure postillon de l'un à l'autre monde, traduit de l'italien en français par un amateur de la vérité*. Liège, Claude Guibert, s. d. (vers 1667), in-12.

263. — *Le Postillon français. Premier ordinaire*. S. l., M DCC XXX IX. *Le Postillon français. Second courrier*. Bruxelles, M DCC XXX IX, pet. in-8.

Encore un titre postal.

« Je viens de recevoir, mon cher Ami, la Brochure que vous m'avez envoyée, qui a pour titre : *Le Postillon français, premier courrier.* Ce titre m'a paru intéressant, et je m'en suis promis des merveilles ».

Le premier courrier est un recueil de petits contes et de bons mots datés de différentes villes. Le second, plus intéressant, donne des nouvelles littéraires de Paris et de la province.

264. — *Courrier extraordinaire ou le premier arrivé, par Duplain de Sainte-Albine.* Paris, 1790-1792, in-8.

Ce journal devait être expédié par un courrier extraordinaire partant tous les jours de Paris en gagnant au moins 10 heures sur les courriers de la poste, dans l'espace de 80 à 100 lieues, sur les routes de Lyon, Bordeaux, Lille et Nantes. De là son titre.

Nombreuses sont les publications qui ont emprunté leur titre à la Poste. Dans la classe des almanachs, nous avons : *Le Postillon de la paix et de la guerre, Le Postillon lorrain, Le Postillon lyonnais, etc.; Le Messager boiteux, Le Messager de la Cour, Le Messager de l'Impératrice, Le Messager de Flore, Le Nouveau Messager de la Cour, Le Petit Messager des Grâces, etc., etc.* Ce dernier titre a été également donné à un grand nombre de journaux et de revues. Le titre de *Courrier*, à commencer par le *Courrier françois*, publié pendant la Fronde par les fils de Th. Renaudot, le fondateur de la *Gazette de France*, est encore plus répandu.

265. — Dans *La Muze historique*, chronique périodique d'une forme légère et piquante qui paraissait chaque dimanche, le gazetier Loret complète à sa manière l'Instruction au public donnée par M. de Vélayer pour l'exploitation de son nouveau système de Poste de Paris (1653).

Bien que cette plaisante pièce ait été maintes fois citée, nous ne pouvons, dans un recueil comme celui-ci, omettre de la mentionner :

On va bientôt mettre en pratique,
Pour la commodité publique,
Un certain establissement,
Mais c'est pour Paris seulement,
Des boëttes nombreuses et drues,
Aux petites et grandes rues,
Où par soi-même ou son laquais,
On pourra porter des paquets ;
En dedans, à toute heure, mettre,
Avis, billet, missive ou lettre,
. . . .

266. — *Le Chansonnier français, ou Recueil de chansons, ariettes, vaudevilles et autres couplets choisis, avec les airs notés à la fin de chaque recueil.* Paris, 1763.

Dans le XVIe recueil se trouve la chanson du *Postillon*, sorte de monologue en argot du temps.

267. — *Le Collatéral ou la Diligence à Joigny, comédie en cinq actes et en prose, par L.-B. Picard. Représentée, pour la première fois, le 15 Brumaire an VIII sur le Théâtre Feydeau, par les Comédiens sociétaires de l'Odéon.* A Paris, chez Huet, libraire, rue Vivienne, n° 8; Charron, libraire, passage Feydeau. An IX, in-8, 92 p.

268. — *La Diligence de Lyon, comédie en trois actes et en prose, par C. Palmezeaux. Représentée, pour la première fois, à Paris, sur le Théâtre des Jeunes Élèves, le 17 thermidor an X.* A Paris, chez Hugelet, imprimeur, rue des Fossés-Saint-Jacques, n° 4. An XI-1802, in-8, 61 p.

« Il y a environ vingt ans, dit l'auteur dans la préface, que je vins de Lyon à Paris par la diligence, je rencontrai dans la voiture cinq ou six originaux qui m'amusèrent beaucoup par leurs ridicules, et qui me fournirent le sujet de cette comédie ».

269. — *La Diligence de Bordeaux ou le mariage en poste, par Joseph Rosny, auteur du* Péruvien à Paris. A Paris, chez Madame Rosny, libraire, rue de Cléry, n° 63. An XII (1804), 2 vol. in-12.

Roman dont les intrigues se déroulent dans un voyage en diligence. Orné de deux gravures sur acier.

270. — *La Petite Poste dévalisée. Ouvrage propre à servir aux Mémoires du Temps, par un Observateur philosophe.* A Paris, de l'imprimerie de Jusseraud, rue de la Vieille-Boucherie n° 132. Et chez Madame Cavanagh, libraire, et les marchands de nouveautés. An XII-1804, in-12.

On lit dans la préface ces mots extraits d'un autre ouvrage : « S'il était permis de lever, par simple curiosité, les cachets, et de parcourir toute la correspondance d'un seul jour, dieux ! que de choses curieuses et intéressantes à lire.... la détresse, l'infortune, la misère, l'amour, la jalousie, l'orgueil, donneraient des tableaux variés, piquans.... Quel plaisir de voir à nu le style de l'homme d'affaires, du marquis, de la courtisane, de la jeune fille amoureuse, de l'habitué de paroisse, de l'emprunteur, du tartuffe de toutes classes.... ».

Recueil de lettres galantes peignant les mœurs de l'époque.

271. — *La Diligence philosophique ou le Moraliste champenois. Utile dulci, par M. Thomassin de Montbel.* A Paris, chez Léopold Colin, libraire, rue Gît-le-Cœur, n° 5, 1808, 2 vol. in-32.

Récit de quatre voyages en diligence et en poste, dans lequel on trouve des dialogues entre voyageurs destinés, dit l'auteur, à réformer les préjugés des hommes et à égayer de leurs ridicules. L'ouvrage s'ouvre par une dédicace à MM. les administrateurs généraux des messageries nationales.

272. — *La Diligence ou les Amours de 36 heures, poëme badin en*

quatre chants. Seconde édition revue et corrigée, par M. d'Etalleville. Paris, chez Ant. Bailleul, imprimeur-libraire, rue Helvétius, n° 71, et chez les marchands de nouveautés, 1815, in-16.

Récit humoristique d'un voyage en diligence qui peut être considéré comme le chef-d'œuvre du genre, et où l'esprit de fine satire retrace avec grâce toutes les péripéties de touristes patients et disposés à rire aussi bien de la lenteur des chevaux que de la bouffonnerie de leurs voisins (Oct. Uzanne, *La Locomotion*).

273. — *Le Facteur, chanson avec accompagnement de cliquette. Par J.-F.-H. M...., Facteur.* S. l. n. d., in-8, 4 p.

Je parcours toutes les rues
Et l'oiseau qui fend les nues
Sur moi n'aurait pas le prix ;
Et sans tambour, sans trompette,
Quand en main j'ai ma cliquette,
Je fais du bruit dans Paris.

274. — *L'Amour au grand trot ou la Gaudriole en diligence, manuel portatif et guide très-précieux pour les voyageurs, offrant une série de voyages galants en France et à l'étranger ainsi qu'une foule de révélations piquantes de tous les larcins d'amour, bonnes fortunes, espiègleries, aventures extraordinaires dont les voitures publiques sont si souvent le théâtre, par M. Vélocifère, grand amateur de messageries.* Paris, veuve Lepetit, 1820, in-18.

Cet ouvrage badin, qui donne de nombreux renseignements sur les mœurs des voyageurs et des postillons de l'époque, est de J.-P.-B. Cuisin.

275. — *La Diligence attaquée, ou l'Auberge des Cévennes, drame en trois actes, par Ferdinand Laloue, Mégissier et Ernest.* Paris, Quoy, 1820, in-8, 40 p.

276. — *Le Départ d'une Diligence, tableau épisodique en un acte, mêlé de vaudevilles, par Rochefort, Brisset et Mesnard.* Paris, Martinet, 1822, in-8, 20 p.

277. — *La Chaise de Poste, mélodrame en deux actes et en prose, par Louis Montigny et Amand La Coste Saint-Amund. Représenté sur le Théâtre du Cirque olympique, le 13 mars 1825.* Paris, au Théâtre du Cirque, in-8, 44 p.

278. — *Les Inconvéniens de la Diligence, ou Monsieur Bonaventure, Six tableaux Vaudeville dans le même cadre, par MM. Francis, Théaulon et Dartois, Représentés pour la première fois à Paris, sur le Théâtre des Variétés, le 11 Novembre 1826.* Paris, chez Barba, cour des Fontaines, 7, et chez Hautecœur-Martinet, rue du Coq-Saint-Honoré, 1826, in-8, 43 p.

BIBLIOTHÈQUE NATIONALE RF ESTAMPES

279. — *Œuvres de Béranger*. Dans les œuvres du poète chansonnier nous remarquons deux pièces relatives à notre sujet :

1. — *Les Pigeons de la Bourse*.

Pigeons, vous que la muse antique
Attelait au char des Amours,
Où volez-vous ? Las, en Belgique
Des rentes vous portez le cours !
Ainsi, de tout faisant ressource,
Nobles tarés, sots parvenus
Transforment en courtiers de bourse
Les doux messagers de Vénus.

2. — *Le Pigeon messager*, 1822.

280. — *Les vieilles lettres, par Philarète Chasles*. (Revue de Paris, 1835, tome 23, p. 113-126).

281. — *Théâtre d'Eugène Scribe*. Dans les œuvres de ce fécond auteur, nous remarquons :

Les Vélocipèdes ou la Poste aux Chevaux, vaudeville en un acte, par Scribe, Dupin et Vernier (Variétés, 2 mai 1818).

Trente lieues en poste, comédie en prose (1838).

282. — *Le Message, romance, paroles de M. Émile Deschamps, à son amie Virginie Cottinet, musique de Mme Garciat de Bériot*. Paris, chez L. Troupenas et Cie, rue Vivienne, no 40, s. d., in-4, 3 p.

Lithographie de Jules David.

283. — *A son ami Lucien Rousseau. La Poste, quadrille pour le piano. Par Camille Schubert*. Paris, chez Philipp et Cie, boulevard des Italiens, 19, s. d., in-4 obl., 7 p.

Lithographie représentant une malle-poste dans un encadrement de feuillage.

284. — *La Poste, par François Schubert, paroles françaises de M. Émile Deschamps*. Paris, Maurice Schlésinger, éditeur, 97, rue de Richelieu, s. d., in-4, 7 p.

Lithographie de Devéria représentant un postillon sonnant du cor.

285. — *Le Facteur ou la justice des hommes, drame en cinq actes, de MM. Ch. Desnoyer, Boulé et Ch. Pothier, représenté, pour la première fois, à Paris, sur le théâtre de l'Ambigu-Comique, le 9 décembre 1834*. Paris, Barba, libraire, Palais-Royal, Bezou et Quoy, 1835, in-8, 32 p.

286. — *Le Postillon de Longjumeau, opéra-comique en 3 actes, paroles de Léon Lhérie et de Leuven, musique d'Adolphe Adam, représenté, sur le*

théâtre de l'Opéra-Comique, le 13 octobre 1836. Paris, Barba-Delahante, 1836, in-8.

L'une des plus remarquables productions d'Adolphe Adam.

287. — *La Boîte aux Lettres, par Gavarni.* Série de 34 pièces publiées par le *Charivari.* Paris, 1837-1838.

Chaque planche est accompagnée d'un fac-similé de lettre d'un style comique et pittoresque approprié aux circonstances, et d'une orthographe affranchie de toutes règles grammaticales. Dans cette suite, Gavarni nous initie aux petits mystères de la poste des amoureux.

288. — *La Diligence ou le Coupé, l'Intérieur, la Rotonde et la Banquette, par H. Ricard.* Paris, Lecomte, quai des Augustins, 49; Corbu, quai des Augustins, 61; Pigoreau, place Saint-Germain-l'Auxerrois, 20, 1838, 4 vol. in-12.

Vignette sur le titre (diligence au galop).

La diligence sert de cadre à quatre petits romans dont l'action naît et se déroule dans le coupé, l'intérieur, la rotonde et la banquette. Description de la diligence et des conducteurs.

289. — *Le Musée pour rire. Dessins par tous les caricaturistes de Paris, texte par M. Alhoy, L. Huart, Ch. Philippon.* Paris, Aubert, 1839, in-4.

Ce recueil amusant contient : *Les lettres à la poste, L'Impôt du facteur, Le Secret des lettres* de M. Alhoy; *Les Lettres de recommandation* de L. Huart. Chaque article est orné d'une lithographie [1].

290. — *Le Postillon Franc-Comtois, comédie-vaudeville en deux actes, par MM. Paul de Kock et Valory; représentée pour la première fois, à Paris, sur le théâtre des Folies-Dramatiques, le 15 janvier 1839.* Paris, J.-V. Barba, Palais-Royal, Delloye, Bezou, 1839, in-8, 24 p.

291. — *La Poste de Village. A Madame de Ligny.* S. l. n. d., in-4, 2 p.

Lithographie de Grenier.

292. — *Les Français peints par eux-mêmes.* Paris, L. Curmer, 1840-42, 8 vol., gr. in-8.

Nous trouvons dans cette galerie les portraits suivants, écrits par J. Hilpert, dessinés par H. Monnier :

Le Facteur de la poste aux Lettres;
Le Postillon;
Le Conducteur de diligence.

1. Le *Charivari*, le *Journal pour rire*, le *Journal Amusant*, l'*Illustration*, le *Monde Illustré*, et bon nombre d'autres journaux ont publié sur les Postes des gravures d'actualités, des caricatures qui, réunies en albums, formeraient un ensemble aussi curieux qu'intéressant.

293. - *Les Anglais peints par eux-mêmes*. Paris, L. Curmer, 1840-1841, 2 vol., gr. in-8.

Dans le tome 1, p. 33 : *Le Facteur*, par Douglas Jerrold.

294. — *Physiologie des diligences et des grandes routes, par Édouard Gourdon*. Paris, Terry, 1842, in-12.

295. — *La Grande Ville. Nouveau Tableau de Paris, comique, critique et philosophique*. Paris, 1842-1843, 2 vol. gr. in-8.

Contient un article consacré à *La Petite Poste*, avec vignettes de V. Adam et Daumier.

296. — *A M. A. Conte, Directeur Général des Postes. La Malle-Poste, polka, composée par Strauss*. Paris, au Ménestrel, 2 bis, rue Vivienne, s. d., in-4 obl., 6 p.

Sur le titre, une malle-poste traversant un village.

297. — *Le Postillon du Roi, chansonnette. A M. Lincelle. Paroles de Mme Laure Jourdain. Musique de A. De Latour*. Album 1845. A Paris, chez A. Leduc, éditeur, passage Choiseul, 78, in-4, 3 p.

Dessin de F. Sorrieu : postillon à cheval.

298. — *L'Hirondelle du Quartier ou la Boîte aux lettres, chansonnette. Paroles de Ch. Delange. Musique de Ch. Plantade*. Paris, chez Schonenberger, boulevard Poissonnière, 28, s. d., in-4, 3 p.

Dessin de Bouchot : facteur distribuant ses lettres.

299. — *Les Enfants du facteur, drame en trois actes, par MM. Boulé et Lajariette, représenté, pour la première fois, sur le théâtre Beaumarchais, le 20 novembre 1845*. Paris, Marchant, éditeur, boulevard Saint-Martin, 12, in-8, 22 p.

300. — *Le Postillon de Mam' Ablon, dialogue trouvé au bas de la côte de Ponthiéry, par Jean-Louis Lepailleux, garçon d'écurie, et mis en musique par Bruno Ducornet, conducteur, dit la Terreur des Pistons. Paroles de H. Lefort, musique de Clapisson, publié dans l'*Album Comique, Paris, L. Vieillot, 1846, in-12.

301. — *Le Postillon de Saint-Valéry, opéra en deux actes, paroles de Commerson et Salvador, musique de Pilati, représenté sur le théâtre de la Porte Saint-Martin, mars 1849*. Paris.

302. — *Le Courrier de Lyon, drame en cinq actes et huit tableaux, par MM. Moreau, Siraudin et Delacour, représenté, pour la première fois, sur le théâtre de la Gaîté, le 16 mars 1850*. Théâtre contemporain illustré, Michel Lévy frères, éditeurs, rue Vivienne, 2 bis, s. d., in-4, 28 p.

Ce drame, tiré d'un procès célèbre, eut un succès considérable.

303. — *Jean le Postillon, monologue sur la chanson de F. Bérat, par Carmouche et Paul Vermond.* Paris, Michel Lévy, 1850, in-8, 4 p.

Représenté, sur le théâtre du Vaudeville, le 22 décembre 1850.

304. — *Le Postillon, rondino sur une chansonnette de F. Bérat, composé pour le piano, par Ad. Le Carpentier.* S. d., in-4 7 p.

Dessin d'après Leroux : postillon à cheval, le verre en main, qu'une jeune paysanne vient de lui offrir.

305. — *Le Postillon en gage. Opérette en un acte, paroles de Jules Adenis, musique d'Offenbach, représentée, pour la première fois, sur le théâtre des Folies-Nouvelles, à Paris, le 9 février 1856.*

306. — *A M. P. Malezieux. Le Journal du Canton. Paroles de M. Baralle, musique de Louis Abadie.* Album 1856. Paris, au Ménestrel, 2 bis, rue Vivienne, Heugel et Cie, éditeurs-libraires pour la France et l'étranger, in-4, 3 p.

Dessin de Bertrand : un postillon à cheval annonce et distribue des nouvelles.

307. — *Histoire du procès Lesurques, par Armand Fouquier. Extrait des Causes célèbres de tous les peuples.* Paris, Lebrun et Cie, libraires-éditeurs, 8, rue des Saints-Pères, 1859, in-18.

Assassinat du courrier de Lyon, 8 floréal an IV

« Ce livre n'est pas un Mémoire en faveur de Lesurques, au profit de sa famille. C'est un simple récit. Nous avons dû plus souvent raconter que discuter, et si notre opinion s'est produite, c'est qu'elle naissait invinciblement des faits. Notre opinion, d'ailleurs, est celle de l'humanité tout entière.... Si ce récit, scrupuleusement extrait des pièces du procès et des documents que nous a confiés la famille Lesurques, peut aider en quelque chose à la réparation de l'injustice, nous nous en croirons assez récompensé ».

308. — *Le Ramier voyageur, cantilène. Paroles de M. Auguste de C***, musique de F. Masini.* Paris, au Ménestrel, 2 bis, rue Vivienne, Heugel et Cie, s. d., in-4, 3 p.

Dessin de Bertrand : paysage, ramier dans les airs.

309. — *La Poste aux chevaux, par Henri de Lacretelle.* Paris, Librairie Nouvelle, boulevard des Italiens, 15. A. Bourdillat et Cie, éditeurs, 1861, in-18.

Roman dont les intrigues se passent dans un relais de poste. L'un des principaux personnages mis en scène est un postillon.

310. — *Les Auberges de France. L'Hôtel de la Poste, par Louis*

Chevalier et Léon Clergeot. Paris, F. Courniol, libraire-éditeur, 20, rue de Seine, 1865, in-18.

Intéressant roman ayant pour cadre des épisodes de la campagne de France (1814).

311. — *Journal des Postes, revue mensuelle*. Directeur-fondateur, V.-C. Louis, 22, rue Vivienne, Paris, in-4 (1865-1877).

Le premier en date (?) des journaux spécialement consacrés aux intérêts postaux. Antérieurement, la poste avait pour organe une revue commune aux différentes administrations : *La France administrative, gazette des bureaux, organe des intérêts moraux et matériels des Administrations*. Paris, 1841 et suiv.

312. — *La Directrice des Postes, par Elie Berthet*. Paris, E. Lachaud, libraire-éditeur, 4, place du Théâtre-Français, 1869, in-18.

Le même ouvrage a paru sous le titre suivant :

313. — *Œuvres choisies d'Elie Berthet. Madame Arnaud, Directrice des Postes*. Paris, A. Degorce-Cadot, éditeur, 9, rue de Verneuil, 1886, in-18.

Deux portraits de la directrice des postes sous le second Empire très bien observés et rendus : la suffisante et commune, la réservée et distinguée.

314. — *Le Ballon-Poste. Journal du siège de Paris pour les départements et l'étranger*. Directeur-gérant, Gabriel Richard, 19, rue des Martyrs, Paris, in-4.

Journal imprimé sur papier pelure rosé, et expédié par ballon monté. Le poids maximum de chaque numéro était de 3 gr. 50. Publié en 22 numéros, du 30 octobre 1870 au 29 janvier 1871.

315. — *Chanson du Postillon*. (Dans la *Timbale d'Argent*, opéra-bouffe en trois actes, paroles de MM. A. Jaime et Jules Noriac, musique de Léon Vasseur, représenté aux Bouffes-Parisiens en avril 1872).

316. — *L'Almanach du facteur. Recueil de chansons, par Paul Poyan*. Paris, imprimerie Vert ; l'auteur, 143, rue de Charonne, 1873, in-12.

317. — *Les Pigeons messagers, à Mademoiselle Marie Garnier, mélodie, paroles de F. Couturier, musique de Emmanuel Baumann*. Paris, Dupuis, éditeur, 146, rue de Rivoli, s. d., in-4, 4 p.

Dessin de Barbizet : pigeons rentrant au colombier.

318. — *A notre ami A. Geslin. Le Facteur parisien, scène comique, créée par Teste au Concert Parisien, et par Dalville, aux Folies de Belleville. Paroles de M. Émile B. Dalville, musique de E^ne Thomson*. Paris, Ch. Rocher, éditeur, Faubourg Saint-Denis, 16, s. d., in-4, 6 p.

Dessin de E. Butscha : facteur en distribution.

319. — *Le Porteur de dépêches, chanson créée par Melle Amiati, à l'Eldorado. Paroles de Vilmer et Fuchs, Musique de L. Benza.* Paris, Ch. Feuchat, éditeur, Palais Bonne-Nouvelle, s. d., in-8, 3 p.

Dessin de Donjean : le porteur de dépêches arrêté est interrogé par des officiers allemands.

320. — *Le Facteur de Barbizon, Parodie du Galant Postillon, chansonnette créée par M. Duhem à l'Alcazar d'Été, et par M. Limat à l'Eden-Concert. Paroles de Villemer-Delormel, Musique de Emile Girard.* Aux Cloches de Corneville, Paris, L. Bathlot, éditeur, 39, rue de l'Echiquier, s. d., in-8, 3 p.

Dessin de Butscha : amusante caricature du facteur rural.

321. — *A notre ami Claude Gauthier. Le Pigeon Voyageur, romance créée par Marius Richard, à la Scala. Paroles de Pierre Chatal, musique de Hermand-Brun.* Paris, Hermand-Brun, rue du Château-d'Eau, 68, s. d., in-8, 3 p.

Dessin de Donjean : un pigeon voyageur vole au-dessus de la mer.

322. — *Le Pigeon voyageur, souvenir, chanté par Mme Grandor à l'Alcazar, M. Charelli à Bataclan, et par Mme Brigliano au grand Concert Parisien. Paroles de Brigliano et Chenu, musique de L. Chelu.* Paris, L. Vieillot, éditeur, rue Notre-Dame-de-Nazareth, 32, s. d., in-8, 3 p.

Dessin de H. Meyer : pendant le siège de Paris, une jeune fille, appuyée sur le rempart, attend le pigeon voyageur qui apporte des nouvelles.

323. — *Le Bureau de Poste, chansonnette créée par Melle Duparc au Concert-Parisien. Paroles de Villemer-Delormel, musique de Henri Chatau.* Aux Cloches de Corneville, Paris, L. Bathlot, éditeur, 39, rue de l'Échiquier, s. d., in-4, 5 p.

Dessin de Donjean : guichet d'un bureau de poste.

324. — *Le Facteur Rural, chanson. Paroles de A. Vilmay, musique* de *Maurice Lassimonne.* Paris, Lebailly, éditeur de musique, rue de l'Abbaye-Saint-Germain-des-Prés, 2bis, s. d., in-8, 3 p.

Dessin de Donjean représentant le facteur rural qui

> Donne au coin du petit bois
> La lettre d'amour en cachette,
> Eh ?... Voyez-vous ? le vieux grivois
> Prend le menton de la fillette !

325. — *Revue des Postes et Télégraphes, paraissant le 1er et le 16 de chaque mois.* Directeur : Hector Fontan. Bureaux : 8, rue de la Chaise, Paris, in-4.

La Revue a agrandi son format et est devenue hebdomadaire. Fondé en 1877, cet organe est le plus ancien des journaux postaux actuellement existants.

326. — *Journal des Postes et Télégraphes, Administratif, Littéraire et Politique, paraissant tous les samedis.* Direction et Administration : 14, quai de la République, à Verdun, in-fol.

Créé en 1878, ce journal disparut en septembre 1881 pour reparaître en 1882, et prendre quelque temps après, sous la direction de MM. Brunard, imprimeur, et Farjanel, rédacteur en chef, une situation prospère. L'Administration fut transportée à Troyes, rue Urbain-IV. En 1901, le titre modifié est devenu :

Journal des Postes et l'Avenir des Postes, Télégraphes et Téléphones, Administratif, Littéraire et Scientifique, paraissant tous les dimanches. Administrateur : E. Caffé, rue du Temple, 27, à Troyes.

327. — *La Poste restante. Notes et impressions, par C. B.* (C. Blondiot). *Poste restante, Paris.* Paris, Revue des Postes, 4, rue du Pré-aux-Clercs, s. d., pet. in-8, 30 p.

Notes et impressions sur : 1° les voyageurs; 2° les partis sans laisser d'adresse ; 3° les amoureux ; 4° les mystérieux.

328. — *Le Courrier de Lyon, par Pierre Zaccone*. Paris, E. Plon, 1879, in-16.

Nouvelle tirée de l'affaire Lesurques, basée sur des pièces historiques.

329. — *Le Facteur des Postes, Organe de l'Union des Sous-Agents des Postes et Télégraphes, paraissant tous les dimanches.* 21, rue Fontaine, Paris. Gabriel Prévost, Rédacteur en Chef, Mercier, Facteur retraité, gérant. Petit in-fol.

Fondé en 1881. En 1904, le format est augmenté, et le titre, après avoir subi un premier changement, devient :

Le Facteur des Postes, Télégraphes et *Téléphones, Défenseur Indépendant et Républicain des Revendications de toutes les catégories des Sous-Agents des Postes, Télégraphes et Téléphones, paraissant tous les dimanches*. H. Le Verdier, Directeur, 59, rue Lepic, Paris.

330. — *Revue Administrative, Organe des Régies financières et des Postes et Télégraphes, paraissant tous les mardis.* Bureaux : 1, rue Cassette, Paris. Directeur : M. Chousserie, in-4, 1883.

331. — *Boutades postales, par M. Telruoc* (Courlet, Receveur des Postes, à Pontarlier). B. Millet, impr. éditeur, Pl. Louvois, 2 (Paris), s. d., pet. in-4 obl.

Galerie humoristique des divers fonctionnaires postaux, depuis le directeur jusqu'au facteur rural. Chaque notice est accompagnée d'un type dessiné à la plume par l'auteur.

332. — *Itinéraire d'une receveuse des postes, ou une journée de travail bien remplie, suivie de Mes loisirs, fantaisies postales et poésies, par Isidore Monnet, commis de Direction à Poitiers*, 1885.

Détachons de ce recueil les premières strophes de la jolie pièce intitulée *Bernerette la postière :*

Oh ! le triste métier que tout le monde envie,
Qui prend la jeune fille au début de la vie
Pour en faire une esclave offerte à tout venant,
Qui subjugue son cœur et captive son âme,
Qui lui prend en un mot sa qualité de femme,
Comme le repentir aux portes du couvent.

Vous n'avez pas connu Bernerette la blonde,
La fille aux grands yeux noirs qui souriait au monde,
Comme au printemps l'aurore à l'aube d'un beau jour,
Elle achevait vingt ans ; elle était riche, aimée,
Vivant sous les regards d'une mère adorée,
Qui la comblait de soins, de tendresse et d'amour.

Un jour sa mère en pleurs lui parla d'infortune,
Le vaisseau qui portait son père et sa fortune
Avait été brisé sur des rochers lointains ;
Il ne restait, hélas ! que la sombre misère,
. . . .
Bernerette pour vivre eut la Poste en partage,
Gaîment elle accepta ce dur apprentissage,
Qui devait lui compter ses heures de loisirs,
Comme le geôlier à la mine sévère
Compte les derniers jours qui restent sur la terre
Au pauvre prisonnier qui bientôt va mourir. [1]
. . . .

333. — *Poste restante, comédie en un acte par Fernand Beissier.* Paris, Librairie Théâtrale, 30, rue de Grammont, s. d., in-12, 30 p.

Représentée à Paris en décembre 1885, par les artistes du Théâtre des Menus-Plaisirs.

334. — *La Petite Poste des Amoureux, nouveau secrétaire galant contenant des modèles de Lettres, de Déclarations, de Reproches, de Jalousies et un choix de poésies amoureuses, etc., complété par le Guide du Mariage indiquant tous les actes nécessaires pour la célébration et le cérémonial du mariage. Illustré de 150 dessins par Grévin.* Paris, Théodore Lefèvre, éditeur, 2, rue des Poitevins, s. d., in-18.

Tiré à 250 exemplaires sur papier de Hollande.

335. — *La Boîte aux Lettres, par un Indiscret.* Paris, à la Librairie Illustrée, 16, rue du Croissant, s. d., gr. in-8.

La couverture et le titre représentent l'orifice d'une boîte aux lettres.

« Vous êtes-vous demandé ce qu'il pouvait y avoir de romans ébauchés, de drames inconnus, de vaudevilles vécus dans la Boîte aux lettres où tant de mains viennent jeter tour à tour des billets doux, des menaces, des poulets rimés, des plis officiels et des calomnies anonymes ?... Si vous vous êtes demandé cela, lisez ce qui suit ».

Suit une série de lettres dans lesquelles l'auteur a cherché à imiter l'écriture et le style des différents personnages mis en scène.

336. — *La Diligence de Ploërmel, par Quatrelles et Eug. Courboin.* Hachette et Cie, éditeurs à Paris, s. d., in-4.

Fantaisie de Quatrelles spirituellement illustrée de chromotypies hors texte et de gravures dans le texte, par Courboin.

337. — *Le Moniteur des Postes et Télégraphes, organe de défense et d'instruction professionnelles et tribune sérieuse où le personnel peut faire*

---

1. *Almanach illustré des Postes et Télégraphes.* Paris, 1889.

connaître et discuter ses justes revendications, paraissant tous les jeudis. Rédacteur en chef : A. Chateau. Administrateur-Gérant : E. Baretaud, 1, rue Turgot, Limoges (Haute-Vienne), 1889.

338. — *Le Moniteur des Postes, Télégraphes et Téléphones, Journal illustré, Administratif, Politique, Littéraire et Financier.* Directeur : Paul Artigues, ancien Receveur des Postes et Télégraphes. Rédaction et Administration, 15, rue du Louvre, Paris, in-fol., 1890.

339. — *Courrier des Examens des Postes, des Télégraphes et des Téléphones, paraissant les 10, 20 et 30 de chaque mois. Manuel de Préparation suivie et d'Informations, à l'usage des Candidats Postulants et Postulantes à tous les emplois de l'Administration.* Naud et Rollin, directeurs. Bureau du Journal, Palais des Sociétés savantes, rue Danton, Paris, in-4, 1889.

340. — *L'Union des Postes, Télégraphes et Téléphones, Revue bi-mensuelle indépendante, paraissant le 5 et le 20.* Rédaction et Administration : 13, rue Cujas, Paris, in-fol., 1890.

341. — *Secrets de Poste, par Le Nismois.* Amsterdam, 1893, 2 vol. in-12.

Ce titre abrite un ouvrage licencieux.

342. — *A. Excoffon. Le Courrier de Lyon. Récit authentique fait par un de ses descendants.* Paris, Ernest Flammarion, éditeur, 26, rue Racine, s. d. in-16.

Dans ce récit, l'auteur s'attache à prouver la culpabilité de Lesurques.

343. — *Valoris. Le Courrier de Lyon.* Paris, s. d., 3 vol. gr. in-8.

344. — *Le Bulletin hebdomadaire des Postes, Télégraphes et Téléphones. Recueil de documents administratifs, d'études techniques, etc., paraissant le jeudi et publié sous la direction de Ernest Laurent, Licencié en Droit.* Paris, Avenue de Breteuil, 16, gr. in-8, 1896.

345. — *Le Manuel des Candidats, Journal mensuel de préparation suivie aux Examens des Postes, des Télégraphes et des Téléphones, publié par un groupe de fonctionnaires et de professeurs, sous la direction de J. Barles.* Bureaux : Paris, rue Grande-Chaumière, gr. in-8.

Créé en 1897, et devenu ensuite bi-mensuel. A cessé sa publication.

346. — *Eug. Le Gros. Les Timbres for ever ! suivi de Une erreur de Daudet.* Paris, Louis Westhausser, éditeur, 4, rue de Lille, 1897, in-18.

Causeries sur les timbres-poste par un dévoué collectionneur.

347. — *Le Roi du Timbre-poste, par Gérard de Beauregard et H. de Gorsse.* Paris, Hachette et Cie, 1897, in-8.

Roman philatélique dont l'action consiste dans la poursuite à travers le monde d'un timbre unique, par deux millionnaires américains, Williams Keniss et miss Betty Scott. L'histoire finit par l'union des deux collectionneurs et de leurs collections.

348. — *La Plume. N° 207. 1er Décembre 1897. Numéro exceptionnel consacré à J. Baric.*

Biographies de Jules Baric, employé des postes, dessinateur caricaturiste de talent, avec reproduction de ses principales œuvres.

349. — *Georges Docquois et Émile Marchais. Le Facteur bien noté, comédie en un acte.* Paris, P. V. Stock, éditeur (ancienne Librairie Tresse et Stock), Galerie du Théâtre-Français, Palais-Royal, 1899, in-8, 44 p.

Représentée pour la première fois, sur le théâtre du Champ-de-Foire, le 26 avril 1898.

350. — *La Poste aux Éléphants, par Armand Dubarry. Illustrations de Clérice et Villaume.* H.-S. Martin, éditeur, Librairie d'éducation de la jeunesse, 7, rue des Canettes, Paris, s. d., in-4.

Récit d'aventures au centre du continent africain, dans lequel un éléphant joue l'un des principaux rôles. Ce livre est un plaidoyer en faveur de l'éléphant. L'auteur s'élève contre les hécatombes de ce pachyderme, qui anéantiront sa race dans un bref délai, s'il n'est protégé.

351. — *Valse des Timbres-Poste pour piano, par Léon Gautier.* Paris, au Métronome, Emile Benoît, éditeur, 13, faubourg Saint-Martin, s. d., in-4, 8 p.

Curieux titre dessiné par Picard représentant une valse exécutée par des personnages dont les têtes figurent des timbres-poste.

352. — *L'Histoire naturelle des timbres-poste (Henri Coupin).* Revue scientifique, 15 juillet 1899, p. 77-82.

Etude sur la faune et la flore timbro-postales.

353. — *Georges Courteline. Une lettre chargée. Saynète. Deuxième édition.* Paris, P. V. Stock (ancienne Librairie Tresse et Stock), Galerie du Théâtre-Français, Palais-Royal, 1900, in-12, 23 p.

Représentée pour la première fois sur la scène du Carillon le 10 juin 1897.

354. — *Max Ellyan. Mémoires d'un pigeon voyageur. Ouvrage illustré de gravures nouvelles et inédites par E. Loreda. Quatrième édition.* Paris, Société française d'Imprimerie et de Librairie (ancienne Librairie Lecène, Oudin et Cie), 15, rue de Cluny, s. d. (1900), in-18.

355. — *L'Union des dames de la Poste, des Télégraphes et des Téléphones, Revue mensuelle*. Bureaux : 60, rue Ordener, Paris, in-4, 1900.

356. — *La Poste, Organe des Revendications des Agents des Postes, Télégraphes, Téléphones, Caisse d'Epargne et Services spéciaux, Echo des associations professionnelles, Journal Administratif, Littéraire et Scientifique, paraissant tous les dimanches*. Administration et Rédaction : 8, rue Pernelle, Paris, in-fol., 1901.

357. — *Ernest Daudet. Poste restante, roman. Septième édition*. Paris, Société d'éditions littéraires et artistiques, Librairie Paul Ollendorf, 50, Chaussée d'Antin, 1902, in-18.

Le principal personnage de ce roman est un employé des postes.

358. — *Le Professionnel des Postes, Télégraphes et Téléphones, paraissant les 5, 15 et 25 de chaque mois*. Rédaction et Administration : Paris, 92, rue Lafayette, in-fol., 1902.

359. — *La Correction, Journal de préparation au concours du Surnumérariat et de Dame employée des Postes et des Télégraphes, paraissant les 5, 15 et 25 de chaque mois*. 3, rue Brown-Séquard, Paris (XVe). Directeur : E. Dartigue, Rédacteur breveté à l'Administration centrale des Postes et des Télégraphes, in-8, 1902.

360. — *La Pile, organe bi-mensuel des Sous-Agents des Postes, Télégraphes et Téléphones*. Administration et rédaction : 72, avenue d'Italie, Paris (XIIIe), in-fol., 1903.

361. — *Le Républicain des Postes, Télégraphes et Téléphones, libre organe de défense du petit personnel des Postes, donnant toutes les nouvelles de l'A. G. des Sous-Agents des Postes de France et des Colonies, paraissant le samedi*. Rédacteur en chef : J. Jouveau. Bureaux : 1, rue Clodion, Paris (XVe), in-fol., 1904.

362. — *Alfred Capus. La petite fonctionnaire, comédie en trois actes, représentée pour la première fois sur le théâtre des Nouveautés, le 25 avril 1901*. Paris, Librairie Charpentier et Fasquelle, 11, rue de Grenelle, 1904, in-18.

Délicieuse comédie dont l'héroïne est une receveuse des postes.

363. — *Poste restante, comédie en un acte de Serge Basset*. Maison d'éditions : A. Joanin et Cie, 24, rue de Condé, Paris, 1904, in-12, 28 p.

Représentée au théâtre national de l'Odéon le 29 octobre 1903.

364. — *Poste Restante, polka pour piano, Rodolphe Berger*. Paris, Enoch et Cie, éditeurs, 27, Boulevard des Italiens, s. d., in-4, 5 p.

Couverture dessinée par Stéphane : guichet d'un bureau de poste.

365. — *Gaston Delayen, Avocat à la Cour d'Appel de Paris. L'Affaire du Courrier de Lyon. Les procès Lesurques, Durochat, Vidal, Duboscq et Béroldy. D'après les dossiers criminels et des documents inédits. Ouvrage contenant 23 planches et fac-similés hors texte.* Paris, Librairie d'éducation nationale, 11, 18 et 20, rue Soufflot, 1905, in-18.

Le chapitre II, *La Poste aux lettres de la rue Martin*, retrace la physionomie d'un bureau de poste de l'époque.

366. — *Les Petites fonctionnaires, chansonnette. Paroles de G. Arnould et V. Tarault. Musique de Félicien Vargues.* Georges Ondet, éditeur, 83, faubourg Saint-Denis, Paris, s. d. (1905), in-4, 4 p.

Dessin de G. Dola. Ces petites fonctionnaires sont celles des postes, télégraphes et téléphones.

367. — *F. Martin-Ginouvier. Un Philanthrope méconnu du XVIIIe siècle : Piarron de Chamousset, Fondateur de la Petite Poste, Précurseur des Sociétés de Secours Mutuels.* Paris, Dujarric et Cie, éditeurs, 50, rue des Saint-Pères, 1905, gr. in-8.

Les projets humanitaires qu'il y a un siècle et demi Piarron de Chamousset avait entrevus et essayé de mettre en pratique avec une persévérance infatigable, sacrifiant sa fortune et sa vie, sont aujourd'hui en voie de réalisation. Aussi était-ce le moment de remettre en lumière la noble figure de ce grand précurseur. C'est ce que vient de faire éloquemment M. Martin-Ginouvier.

Articles omis.

368. — *Almanach ou calendrier pour l'année mil six cens quatre-vingt-trois. Exactement calculé sur l'élévation du méridien de Paris, où sont marqués les jours de foires, les fêtes qui se gardent au Palais et au Châtelet, et le Départ des Courriers ordinaires pour le dedans et le dehors du Royaume.* A Paris, chez Laurent D'Houry, rue Saint-Jacques, devant la Fontaine Saint-Séverin, au Saint-Esprit. Pet. in-4.

C'est dans cet almanach, auquel devait succéder en 1699 l'Almanach royal, qu'est mentionné pour la première fois (?) en France l'ordre du départ des courriers [1].

369. — *Traité de la Police. Seconde édition augmentée. Par M. Delamarre.* Paris, Michel Brunet, MDCCXXII, 4 vol. in-fol.

Dans ce livre éminemment utile, source de documents précieux pour l'étude de la législation et de l'histoire, l'auteur consacre aux *Postes et Messageries* une notice qui ne comprend pas moins de 85 pages in-fol.

370. — *Petite Poste de Rouen. Avis au Public.* De l'imprimerie de Machuel, rue Saint-Lo, 1778, in-4 de 9 p. *Petite Poste de Rouen. Avis au Public pour le semestre d'été.* De l'imprimerie de Machuel, rue Saint-Lo, in-4, 10 p.

Avis informant les habitants de Rouen de l'établissement de la Petite Poste aux lettres, indiquant les lieux desservis, les heures de distribution, l'emplacement des boîtes dans Rouen et les faubourgs, etc., enfin toute l'organisation du service.

371. — *Ordre général du départ des postes aux lettres de Rouen, pour tous les départemens de la République et les pays étrangers, avec la distance des lieux, le prix du port des lettres, les pays pour lesquels on doit affranchir, etc., etc.* Rouen, Gallier, 1793, in-12 de XIV-40 p.

372. — *Dictionnaire du Commerce et des Marchandises, contenant tout ce qui concerne le commerce de terre et de mer.* Paris, Guillaumin et Cie, 1839, 2 vol. in-4.

Contient une importante notice historique sur les postes par J. T. Dubost.

---

1. Nous avons remarqué, à l'Exposition internationale de Milan de 1906, sous l'étiquette (Le plus ancien livre sur la poste (1562). Exemplaire unique à la Bibliothèque Ambroisienne à Milan) le fac-simile de ce livre dont nous reproduisons le titre :

Le Poste necessarie a corrieri, per l'Italia, Francia, Spagna e Alemagna. Aggiontovi anchora gli nome de tutte le Fiere, che si fanno per tutt' il mondo. Con la sua Tavola novamente stampata, in Brescia appresso Domanio Turlino. Ad Instantia de Joanne Battista Bozola, MDLXII, in-24.

BIBLIOTHÈQUE NATIONALE RF

TABLE ALPHABÉTIQUE

des ouvrages cités.

[illegible]THÈQUE NATIONALE R.F. IMPRIMÉS

www.ingramcontent.com/pod-product-compliance
Ingram Content Group UK Ltd.
Pitfield, Milton Keynes, MK11 3LW, UK
UKHW021106220726
13924UKWH00004B/1540

9 782019 925543